黒いマヨネーズ

吉田　敬

幻冬舎よしもと文庫

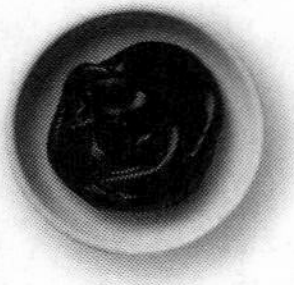

黒いマヨネーズ

まえがき

皆様人生を楽しめているでしょうか。

僕は、楽しめているとはとても言い切れません。しかし、全否定する程でもないのかなぁという感じです。

日によるし、瞬間によります。

皆様にも明日の仕事はイヤだなぁと憂鬱に思っていたのに、いざその仕事が終わってみると、まさかの凄い充実感に包まれていたなんて事もあれば、明日は休日なので温泉にでも行って楽しい一日になりそうだと思っていたのに温泉地で何らかの不快な思いをして、まさかの最悪な一日になってしまった、といった経験があると思います。

できればいつも楽しい時間を過ごしていたい。

できれば5分後に楽しい気持ちになっていたい。

細かい「楽しい」を積み重ねる事で「今日はいい一日だったなぁ」とするやり方もあると思います。

この後に控える僕のたくさんのコラム達は、一本ずつ読むだけで面白く、ひょっとしたら深く考えてしまうものもあるかと思います。コラム一本読むのに速読で数秒の方もいれば、5分以上かける方もいるでしょう。

でも、読み終えた後は「あぁ楽しかった」とか「ちょっと面白過ぎたぜ」とか「これについて自分も友人や恋人や妻と考えてみるのもワクワクしそう」という気持ちになると思います。

それくらい自信があります。

この本を読者の方が読み終えた後、

「とても素敵な時間を過ごせたなぁ。自分は今ろくでもない人生を歩んでしまっているけれど、この本を読んでいる時間は楽しかった！」

そう感じてもらえるように、全力を尽くしました。

それではぜひ、最後までお付き合いを。

吉田敬

黒いマヨネーズ／目次

もちろん僕はソープランド。相手の名前は真琴さん。僕は当時居酒屋さんでアルバイトをしていたのですが、そこの3つ上の板前さんに連れていってもらいました。

当時の僕の年齢を具体的に書くのは自粛しますが、歌でいうと「十七歳の地図」が好きな年頃です。そもそもその日はソープに行く予定ではありませんでした。その板前さんと僕ともう1人の1コ年上のアルバイトの人と3人で、びわこ競艇場に行くだけのつもりでした。

当時、僕は京都に住んでいましたから、車で1時間もかかりません。で、僕自身は勝ったか負けたか覚えてませんが、板前さんは80万くらい勝ちました。

「す、凄い！　これが元ヤンキーの勝ち方か！」

と思いました。

ええ、その板前さんは中卒の元ヤンキーで、板前であるにもかかわらずバイト先の厨房でガンガン商売道具の包丁で僕を刺すフリをしたり、百円ライターの炎に殺虫剤をかけて火炎放射器の様にしてアルバイトを追いかけ回すといった事をする猛者《もさ》だったのです。

『育ち』でしょうか？　金の使い方も荒く、

「おっしゃあ！　勝った！　ソープ行っててすき焼き連れてったる！」

と競艇場からの帰りの車中で言いました。

その板前さん、年齢を書くのは自粛しますが、歌でいうとドラマ「二十歳の約束」の主題歌が好きな年頃です。

僕はタバコも吸っていたし酒も飲んだ事はありましたが、基本、健全な「十七歳の地図」が好きな年頃の男だったのでびっくりしました。

特に『ソープ』の部分にびっくりしていました。

すると、『育ち』でしょうか、敏感にその板前さんはビビッている僕を察知し、

「何や吉田、嬉しそう違うのー、まさか童貞か？」

と、自分のワゴンRを運転しながら聞いてきました。ヤバイと思いました。

僕は、それまで、ヤッた事あると言っていました。バイト先でナメられたくなくて、ヤッた事何回もあると言っていました。

今さら無いとは言えません。ましてや車内にはもう1人1コ上のアルバイトの先パイも乗っています。この1コ上は不敵な笑みを浮かべています。僕は悟りました。

「この1コ上の先パイ、ヤッた事あるな」と。板前さんは若くして結婚してましたからもちろんやりまくっています。絶対にここで正直に僕が童貞だと話すと車内は爆笑に包まれ、明日からの僕のバイト人生も見下されたものになります。だから「童貞でビビッてんのか？」

と言われた僕はこう言いました。

「いえ、久しぶりにヤるなと思ったので、かみしめてんスよ」

1コ上の先パイの不敵な笑みが消えた気がしました。


さぁソープに着きました。ボーイさんが色々タイプを聞いてきます。

「デブはやめてくれ、かといってガリガリも嫌。スタイル抜群の美女を頼む」

と、さも経験豊富なフリをしながらオーダーしていよいよ僕の順番です。カーテンを開けるとそこには、目がギョロっとして鼻の高すぎる『鳥』の様な顔の女性が立っていました。あまり愛想も良くなかったように記憶しています。事務的に「真琴ですぅ」と自己紹介をされ早速プレイです。人生初マットプレイです。感想は、こちょばくて気持ち良くてもう最高！　と記憶しています。何度も果てかかりましたが我慢して、さぁメインイベントです。ついに俺は大人になるのか、正直怖い。でもココは勝負、童貞の同級生の顔が浮かぶ、お前らとはもう違うんだよ。

上で真琴さんが動いています。

ハァハァ言ってる！　この俺でハァハァ言ってる。俺という存在があるから真琴は今ハァハァ言ってる！　果てそうだ。いやまだだ。こんなにも他人に必要とされたことなどない！

俺の下半身はもはや痺れているが、もっとこのまま、もっとこのまま！　俺は今まさに生きて……くらいの所で突然真琴さんが俺から離れ「はいお疲れさま」とぬかした。「何しとんねん！　最後までせーや！」と反射的に僕はキレました。すると真琴さんはあきれた口調で、

「はぁ？　あんたもう終わってんで」

と『北斗の拳』の「お前はもう死んでいる関西バージョン」か！　と言いたくなるような口調で証拠のゴムを見せてくれました。

我慢のし過ぎで、僕は果てた感覚が無かったのです。一言で言うなら、僕は垂れていたのです。かくして僕の初体験は、唐突に始まり、何とも不本意な感じで終わったのでした。

1コ上のバイトの先輩はしばらくしてバイトを辞められましたが、板前さんとは長く関係が続きました。しかし、浪費のたえなかった板前さんは僕に金を貸してくれと言い出し、僕が無いと言うと消費者金融を紹介してくださり、そこで僕がお金を借りて板前さんに貸すというシビアな展開になりました。もちろんそんなお金は返ってくるワケもなく、次第に疎遠になっていきました。

しかし、僕はあの初体験の後に食べたすき焼きの味が忘れられなくて、今でもまだ京都に帰った際にはそのすき焼き店に立ち寄ります。

初体験、初借金、憧れの人への初失望。そのどれか1つでも欠けてると、今の僕は無いように思います。

◉祖母

やはり本書を最後まで読んでいただくにあたって、改めてまず僕がどういう人間かというのを書かなければいけないと感じる。

僕は昭和48年6月27日に、京都市の伏見区で生まれた。伏見といえばお城が有名だが、まぁもっとわかりやすくいえば、ドラマ「スクール☆ウォーズ」のモデルや映画「パッチギ！」の舞台となるような所で、今は知らないが当時は百歩ゆずっても上品とは言い難い町だった。

そこに吉田肇とてる子の間の長男として僕は生まれたのだが、どういうわけか僕は中学1年生になるまで、母の母、もちろん僕からすればおばあちゃんと、母の父、つまりおじいちゃん、そして母の兄、いわゆる伯父さんと僕の4人で下町の小さな長屋（もちろん1階建の風呂なしボットン便所）に住んでいた。

父と母はそこから車で1時間程度離れた宇治市に住んでいた。伏見の病院でナースをしていた母は毎朝少しおばあちゃんの家に寄って俺の顔を見てから仕事に行っていたので、母とは毎日会っていたが、父とは中学生になるまでは月に1度か2度しか会っていなかった。なぜそんなややこしいスタイルをとっていたのか、理由は今でも知らないし、きっと特に大きな理由など無かったんだろうなと思っている。また、そこにそれなりの理由があったとしても、今となっては本当にどうでもいい。

とにかく僕は、幼少期はおばあちゃんとおじいちゃん、そして母の兄であるおっちゃんと毎日をすごした。

だから、小学校の参観日なんかはおばあちゃんが来てくれて、それが恥ずかしかったりもした。

お弁当が必要な時はおばあちゃんが作ってくれたのだが、周りの皆のウィンナーが赤いタコさんウィンナーなのに対して、僕のは細い肌色のソーセージをざっくり切って焼いて塩をかけたやつばかりで、皆のあの赤いタコのウィンナーは一体どこに売っているのだろうと思っていた。

それでも当然僕はおばあちゃんが大好きで、いつも家では甘えていた。

テレビの前で前かがみの正座をしながら時代劇を見ているおばあちゃんの背中に乗ってポテトチップスを食べるのが好きだった。指についたポテトチップスのカスをおばあちゃんの耳タブで拭いていたが、そんなものはご愛嬌だ。

背が伸びる時期は膝が痛くて仕方なかったが、そんな時は隣の布団で寝ているおばあちゃんにずっとずっと膝を撫でてもらっていた。

おばあちゃんの作るおはぎみたいな球体に近い形のハンバーグが大好きだったし、最後にウスターソースをぶっかけて食べる特製の焼き飯が大好きだった。

寝る前、たまにおばあちゃんが死んだ時の事を想像しては泣いていた。


そんなおばあちゃんとの暮らしは前述の通り中学1年の時に終わった。父が宇治から伏見の、しかもおばあちゃんの家からそう遠くないマンションに引っ越すから、いわゆる普通の家族の様に父、母、僕、弟の4人で一緒に住もうという事になったからだ。僕からすれば別に今の暮らしのままで良かったのだが、一度マンションに住んでみたいという気持ちと、父も僕の事が嫌いで今まで別々に住んでいたワケじゃないのはわかっていたし、やはりココは親父のためにも一緒に住んだ方が良いのかなという生意気な気持ち、そして何より、中学校がそのマンションからなら歩いてわずか5分で行けるという邪心により、僕は自分の意思でおばあちゃんの家を離れることを決めた。

それでもやはり、最初の内は学校が終わったらおばあちゃんの家に行っていた。

なんか、親がいくら近くに引っ越してきたからといって、いきなりおばあちゃんの家に行かなくなるというのは違うという感覚があったからだ。

実際、最初はおばあちゃんの家からマンションの方に帰る時、

「ほな、帰るわ」

ではなく、

「ほな行ってくるわ」

と言っておばあちゃんの家を出ていた。

そう言う事で、おばあちゃんに、「あぁ、このコの中で、『家』はまだ私の家の事なんやな」と思って欲しかったからだ。

そして逆に、マンションからおばあちゃんの家に行く時は、父に、

「ちょっと帰るわ」

と言って出ていった。

そう言う事でおばあちゃんに義理を通しているつもりでいたし、決して父の事は嫌いではなかったが、僕は誰よりもおばあちゃんが好きだというのをアピールしていたつもりだった。

それでも「帰るわ」ではなく「ちょっと帰るわ」という事で、僕なりに気は使っていたつもりだった。

思えば今の僕の、優しいのだか冷たいのだかわかりにくい得体の知れない言動は、この時くらいに覚醒したのかも知れない。

そんなどっちつかずな暮らしを3ヶ月程だろうか、続けていたが、そこは遊びたい盛りの中学生であるから、次第におばあちゃんの家に寄る事が減っていき、僕は夜遅くまで遊んでは父と母の待つマンションに帰るという、ごく一般的な暮らしに馴じみ出した。

当時塾にも通っていて、その塾はおばあちゃんの家から徒歩5分くらいの近くにあったのだが、それでも一刻も早くダルい塾から帰って家でゲームをしたり漫画を読んだりしたかった僕はおばあちゃんの家に立ち寄る事はしなくなった。

そうして少しずつおばあちゃんとの距離が開いてゆく中、更におばあちゃんとの距離ができる決定的な事が起こった。

おばあちゃんと離れて住んで1年程経った頃だろうか、僕はいつもの様に塾に行き、ガンガン笑いをとっていた。何を隠そう、不良だらけの中学校では僕は目立つ存在ではなかったが、塾に来るくらいの連中の中ではバリバリの存在感を示す事が出来ていたのだ。

だからいつもの様に大学生の先生をいじって笑いをとっていたのだが、ある時、反撃に遭った。童顔の男の先生が1人いたのだが、その先生に、

「先生は幼い顔してるなぁ、幼稚園児に俺ら教えられてるみたいや」

とウケ狙いで言ったらその先生が、

「何言うとんねん、お前が老けすぎとるんや」

と返してきたのだ。

これは思春期の僕の心に突き刺さった。

周りの大人はずっと僕をそんな風に思っていたのか。他の生徒にも、うわ、アイツやり返されよったと思われたに違いない。カッコ悪い。しかもあの先生の言い方は、以前から俺に恨みを持っていたのが丸出しの言い方。

いかんともし難い辛い気持ちになった僕は、塾が終わると急いでおばあちゃんの家に行った。

おばあちゃんに会いたい。いつも優しかったおばあちゃんと久しぶりに話したい。自転車で猛ダッシュでおばあちゃんの家に行き、勢いよく玄関の戸を開け、「おばあちゃん、帰ってきたで！」と言った。

すると、玄関まで出てきたおばあちゃんが、

「あぁ久しぶりやなぁ、ゆうじ、あぁゆうじはアンタの弟や、あぁ、あの、アンタ名前何やったかの……」

信じられなかった。絶望感しかなかった。あっという間に僕の目から涙が溢れ、

「二度と来るかこんなウチ！」

と叫び、叩きつけるように戸を閉めて泣きながらマンションに帰った。

その日を境に、おばあちゃんの家には、もうほとんど行かなくなった。

◉祖母2

約13年間も一緒に住んでいたおばあちゃんに名前を忘れられるというのは、中学生の僕にはあまりに辛い事だった。

それはそうだ。当時の僕にとって育ての親といえばおばあちゃんだし、朝ご飯も夜ご飯もおばあちゃんがつくったものを食べていた。テレビはおばあちゃんの横で一緒になって「遠山の金さん」とか「水戸黄門」を見ていたし、もっと幼い頃は毎晩一緒に銭湯にも行っていたではないか。

あの時間は何だったのか？

僕の存在はそんなにもおばあちゃんの中で軽いものだったのか。

それならば言わしてもらうが、僕だって好きで、自分の意思でおばあちゃんに育ててもらいたかったワケではないのだ。

友達のカセットテープには流行の歌が綺麗に録音されていたが（皆はレンタルレコードなどからラジカセに線をつなげて録音していた）、そんなやり方僕にはわからないしましてやおばあちゃんに聞いたところでわかるワケがない。友達は皆、若いおかんに頼んでやってもらっていたというのに。だから僕はテレビの前にラジカセを置いて、「ザ・ベストテン」という歌番組で好きな歌手が歌い出すと同時に録音ボタンを押していた。その様にして僕が録音している時に必ずと言っていい程、おばあちゃんは「よっこらしょ」とか言ってしまい、綺麗に録音できたためしが無かった。家に若い大人といえば、母の兄である功のおっちゃんがいたがこの人は博打好きの飲んだくれで、とてもそんな最新の録音事情など知る由も無い。

まだある。子供の間でチョロＱが流行《はや》った時には、僕もおばあちゃんに買ってくれと言った。そしたら周りの皆はスポーツカーのチョロＱを持っていたのに、なぜかおばあちゃんは自衛隊が乗るようなジープのチョロＱを買ってきた。

今でこそ自衛隊には敬意しかないが、当時はジープの値打ちもわからない。みんなはスポーツカーで僕はジープ。

そういうことが子供的には恥ずかしいのだ。

まだある。ラジコンが大ブームになった時も、皆はちゃんとマシンとプロポが離れた、いわゆる普通のラジコンを持っていたが、僕の買ってきてもらったものはそもそもがコントローラーとマシンが線でつながっていて、しかも壊れているとかではなく、最初からの設定として、右にしか曲がらない。

それはもはやラジコンとは言えず、アホの犬と散歩している様なものだった。

そんな感じで、友達間でいつも僕の持っているおもちゃはほんのり違っていた。

言っては悪いが、僕だって我慢していたところはあったのだ。

それが一番好きだった人に名前を忘れられたという事で爆発したのか、それっきり、もうめっきり、その17年後におばあちゃんは死ぬのだが、その17年間にほんの数回しか会わなかった。

数回会ったうちの1度目は、名前を忘れられた件があってから2年後くらいだったか、おじいちゃんが死んだ時。

もちろんその時には僕はもう怒ってるなどは無かったが、やはり何かしらの距離感はおばあちゃんに持っていた。

久しぶりに会ったにもかかわらず、多くは話さなかった。

多くを話すうちにまた傷つけられるのではないかという怖さがあった様な気もするし、2

年間、おばあちゃんと会わずとも一応人並みに成長していた自分を申し訳なく思っていたのかも知れない。

2年振りに会ったというのに思い出話もできなかった。

思い出話をしてしまうと、育ててもらっていた事が完全に過去のものとなってしまうと思い、僕がおばあちゃんから巣立った感をおばあちゃんに感じて欲しくなかったのかも知れない。

もちろんその日、2年前に名前を忘れられた話はしなかった。

その後はごくごくたまにおじいちゃんの仏壇に線香を一瞬あげに行く程度で、やがて僕も大阪に出て本格的にお笑いをやり出した事もあって3年も4年も行かなくなった。

そして大阪で少しずつテレビに出られる様になった頃、「母ちゃん入院した」というおかんからの電話を貰い、僕は伏見の病院へお見舞いに行って衝撃を受けた。どちらかと言うとぽっちゃりしていたおばあちゃんは痩せ細り、染めていたのだろうが黒髪のイメージだったのに一本残らず白髪で、目も煮付けにされた魚のように濁っていた。そして、もうひとつ焦点の定まらない視線で、

「昨日エアコンから狸が出てきた」

と言った。

僕はこの時程、人の老いを感じた事は無い。退院してからも一度会ったが同じ様なもので、僕が子供の頃のてきぱきしたおばあちゃんの面影はどこにも無く、僕は現実から逃げる様におばあちゃんの家に立ち寄らなくなった。

そして平成15年、おばあちゃんは死んだ。

「敬か？　死んだ死んだ。母ちゃん死んだわ。帰ってきたげて」と涙声で淡々と用件だけを伝えるおかんからの電話を受け、僕は本当にしばらくぶりにおばあちゃんの家に行った。畳の上にしかれた布団で、おばあちゃんは眠る様に死んでいた。

その横に、功のおっちゃんがあぐらをかいて座っていて、

「おう敬、見てみぃ、起きてきそうやのぉ」と、目に涙を溜め、鼻を真っ赤にして話しかけてきた。僕も「ほんまやなぁ」と言っておっちゃんの横に座っておばあちゃんを眺めていた。

そしておっちゃんは言った。

「この人な、白内障なって最後の方ほとんど目見えへんようになってててん。でもな、テレビにお前出てきたら、横になってても顔だけテレビの方向けて、『敬かこれ、今敬出とるやろ？がんばっとんなぁ、良かった良かった』て言うとったんやで」

僕はおばあちゃんの目が見えなくなっていたのさえ知らなかった。情けない。そしておっ

ちゃんとおばあちゃんからしたら何の興味も無いであろう若手芸人の番組を2人がチェックしてくれていた事に涙が出た。

そしておっちゃんは続けた。

「あぁほんでな、お前何年か前に名前忘れられて怒って帰ったやろ？　あれずっと言うとったわ。悪い事した。あの子にほんま悪い事したて」

僕は爆発的に泣いた。

おばあちゃんが僕の名前を忘れた事を、気にかけていたとは思いもしなかった。不思議と、もっと早く言ってくれればという思いも無ければ、あの時僕が怒り過ぎたんだという反省の様な思いもない。

ただ、僕は、おばあちゃんに凄く愛されていたんだなという気持ちだけだった。

心の大きな昔気質《かたぎ》の人。感謝しかない。僕の中にあるわずかではあるがきっと涸《か》れる事の無い優しい部分はおばあちゃんがくれた。

だから僕は初詣に行かない年はあっても墓参りだけは必ず行く。

売れますように、金持ちになりますようになど言った事は無い。愛だけを貰いに行く。おばあちゃんは死んでなお、僕に愛をくれている。

―追記―

よくドラマで墓参りしていたら蝶が墓にとまって「あぁご先祖さんも来てくれた」みたいなシーンがあるが、一度おばあちゃんの墓を参ってたら蛾が飛んできてビターン！　とお墓に張り付いた事があって、僕は「間違っていたらすいません、おばあちゃんですか？」と聞いた事がある。

まぁ、照れ屋のおばあちゃんらしいか。

◉結婚

僕は2013年に結婚しました。

もちろん「コイツとなら！」という女性を選びました。

そう書くと何だか偉そうですが、あくまで僕から目線のみで言うとそうなります。

思えば僕は、とにかくモテませんでした。

先の「十七歳の地図」をよく聞いていた年齢の時にソープランドで初体験を済ましてから、

いわゆる素人《しろうと》の女性と関係を持つまで2年かかりました。

しかし当然、指をくわえてただただ自分の事を好きになってくれる、関係を持ってもいいと思ってくれる女性が現れるのを待っていたわけではありません。

動きに動きました。

メッチャクチャ女性に声をかけました。

メソメソしてるブ男にだけはなりたくなかったので動きに動きました。

コンパの誘いがあれば絶対に行ったし、テレクラにだって行きました。

年齢的なものももちろんあって、性欲の鬼でした。いかんせん金も無いものですから、そうそうソープにも行けません。

とにかくヤリたいヤリたいヤリたいでした。あまりに女性のアソコが恋しくて、コンニャクの真ん中に切れ目を入れて、それを人肌に温めてそこにおチンチンを入れると女性のアソコの感じになるという噂を聞いた僕は、勇気を出してコンビニにエロ本とコンニャクを買いに行きました。

それは18歳の僕にはとても、とても勇気のいる事でした。

その時エロ本とコンニャクだけを買ったのでは使い道が店員にバレると思ったので、エロ本とコンニャクと全然いらないガムも1つカゴに入れたら、レジで精算する時777円になってしまい、余計に恥ずかしかった事は淡い淡い思い出です。

本当に、今もモテないけど、その百倍モテなかった。

かくなる上はとにかく淫乱な、男なら誰だっていいから私はHがしたいの、なんていう女性を探した事もあります。

「痴女をたずねて三千里」の世界です。本当に存在しているかもわからない、存在していたとしても会えるかどうかわからない『痴女』を探したのです。

具体的にどうしたか？

夜の、汚いポルノ映画館に行ったのです。万一そんな所に1人で来ている女性がいたなら、それは絶対に痴女だ。そして、おそらくそこにいる他の男性客に比べて僕は若い。ならば痴女がいた場合、「お兄さん若いのにどうしたの？　あのスクリーンに映っているような事したいんでしょう。もう、かわいいわね」なんて言いながらターゲットを僕に絞ってくれるに違いないと踏んだのです。

で僕は、痴女が僕を見つけた時に話しかけてもらい易いよう、あえて周りに他の客が少ない席に着き、痴女を待ちました。香水は、当時大流行していたギャツビーのムスクの香りをつけていました。

結果はどうだったか？

座って20分程した頃、隣の席にごっついオカマが座りました。今で言うオネエだニューハーフだなんてものではありません。ザ・昭和のオカマです。ガタイも良く、ヅラ丸出しのロン毛にシワだらけの顔に厚い化粧。もちろん僕はド肝を抜かれましたが、それでも席は立ちませんでした。オッサンみたいなオバハンである可能性さえ1%も無いザ・昭和のオカマが座ったにもかかわらずです。

僕は、メチャクチャそのオカマを意識しながらもスクリーンを見つめていました。すると、僕の膝から太もも辺りをGパンの上から指でなぞる様にスーッとそのオカマが触ってきました。

「クソッ！　クソッ！　クソッ！　何だコレは。夜中に自転車を走らせてココまで来て、美人の痴女に誘われる予定がこんな汚いオカマのオッサンに触られて！　クソックソックソッ！」などと思っていたら、不意にそのオカマが小さな声で僕の耳元でささやく様に話しかけてきたのです。

「今何時ですか？」と。

「知るかいそんなもん！　あっち行けオッサン！」

などと僕は言わずに、あろう事か急いで腕時計を見て正確に、なおかつ媚びる様に、

「1時32分です」

と言ってしまいました。

あの時の感情は、あれから30年近く経った今でも覚えてます。うわ、汚いオカマやと思いながらも、絶対に嫌われたくなかったのです。

すると何という事でしょう。僕は「1時32分です」と言った時に初めて自分の正面の顔を見せたのですが、その途端にザ・昭和のオカマは立ち上がり、プイッと向こうに去って行ったのです。

情けない話、僕はその場で「え？　何で？」と思ってしまいました。僕の脚を何度も指でなぞった人が、1時32分と聞いて突然約束を思い出して急いで帰ったとは考えにくい（実際その後僕が映画館から帰る時、別の席にそのオカマが座っているのを見た）。ならば何だ？

「今何時ですか？」という質問、それ自体がソッチの人達の暗号になっていて、僕はまともに時間を伝えたから、それが向こうが求める暗号の答えではなかったのか？

いや、そんな話はあまりにも聞いた事が無い。仮にそういった類の暗号があったとしても、脚をなぞられた時点で席を立っていない男に、正しい暗号の答えじゃなかったからといってあのオカマがあきらめるだろうか？

素直に考えるなら答えは1つしかない。

僕はフラれたのです。

そこから約30年の月日が経ち、僕は普通の、それでいて、僕的には、今の所ではありますが何の不満も無い女性と結婚して子供まで授かる事ができました（もちろんモテない話はまだまだありますが、それはまたいずれ書きます）。

そして恥ずかしげもなく申し上げますと、ここだけの話、家庭という面では僕は今、幸せだと言い切れます。

しかし、そういったモテな過ぎる過去があるものですから、にわかに今のこの結婚して子供もいるという状況に違和感を覚える時があります。

本当は、僕はとっくの昔にあまりの自分のモテなさと、あまりに己の人生のうまくいってなさに人格が崩壊しており、僕の記憶に無いだけで、僕は今のマンションに自分で稼いだ金で家賃を払っている様な気になってるけれど、親が実は大金持ちで、その大金持ちの親が高い金を払ってマンション風の個室病棟に入れてくれているだけではないのか。

嫁も本当は僕の嫁などではなく、元々は、僕を担当してくれていただけの一看護師で、僕が彼女を気に入ったのを小杉ドクターが感付き、「君の事を吉田さんが気に入っている様だから、ここらで奥さんを演じてあげなさい。さもないと彼は自ら命を絶つ危険があります」と言われているに違いない。

なんて事が、あのザ・昭和のオカマのオッサンが本当はオバサンである確率よりもあるだろうと考えてしまうのです。

僕おかしいですかね？

ちなみにそんなの関係無いとは思いますが、本当に僕の嫁は、精神科の元看護師です。

◉酒

僕はメチャメチャ酒が好きです。今は主に麦焼酎ですが基本的には何でも飲みます。翌日が休みの日や、旅先での夜なんかは720㎖のボトルを2本近く1人で空けてしまう事もあります。

なので後輩らと冬の北海道に旅行に行っても、着いた日の夜に「明日は○○の滝を見に行こうぜ！」などとプランを立てながら楽しくなって飲みすぎてしまい、翌日は夕方まで起きれず、急いで夜になってから出かけ真っ暗闇の中に凍った滝を、ぼんやり携帯の明かりで照らして、見た様な気になって終わり。みたいな失敗は山ほどあります。

夏、海へ旅行に行ってもそう。着いた日の夜に明日の事を考えると楽しくて飲みすぎてしまい、朝から海に行くと決めていたのに結局昼過ぎまで寝てしまい、それでもまだ寝ていたかったのですが、どうしても出会いが欲しくて這う様にして浜まで行き、1時間程したら元気も出てくるだろうと思っていたら何かめまいがしてきて、

「あかん、コレは死ぬやつや」

と感じ急いでまたホテルの部屋に戻り、キンキンに冷房の利いた部屋でずっと寝ているだけ、みたいな日もありました。

だから先輩とはもちろん旅行に行かないし、酒を飲まない後輩とも行きません。同じ様に酒飲みのだらしない奴らとしか行きませんね。朝、何となく後輩と同時に目が覚めて、

「酒、メッチャ残ってるよなぁ。どうする？　昨日言うてた所行く？」

「吉田さんどうしたいですか？」

「お前らが行きたいなら起きるけど、寝たいなら寝る」

「じゃあ寝ませんか……？」

そんな奴らばっかりですよ。


でも他人に迷惑をかける様な酔い方はしないほうだと思います。

居酒屋で飲んでも絶対にこっちから絡む事は、当然ですが無い。こんな仕事やってますから絡んでこられる事はごく稀《まれ》にありますが、そういう時は、

「オッサン、他人ドッキたかったら格闘技でも始めろ。そんな根性無いのに酔うた時だけ強がったらあかんと思う」

と言います。効きますよ。

それでもまだ攻めてこられたら逃げるでしょうね。「男のくせに！」なんて思わない。そこは勝負する所じゃないし、そのオッサン倒すために備えた日は一日も無い。

備えて備えてある瞬間にスパークさせる事が勝負だと思ってるし、そもそも「男らしい」という言葉も実は僕はあまりよくわかっていない。

よくプロ野球で直球勝負という言葉があるけど、変化球を磨き上げたピッチャーに直球を投げさす事が男なのか？

体格の小さな打者が、憧れのプロ野球の世界に入り、妻と子供を食べさせていくためにバントの技術を磨き上げて、フルスイングではなくセーフティバントをしてまで出塁しようとするのは男らしくないのか？

僕は違うと思っている。

自分の中の正義、犯罪ではない自分の中の正義を貫くことが「男らしい」と思う。

とは言うものの、お酒で迷惑をかけたことは遥か昔、20年以上も昔に1度あります。

　バイト先の先輩連中と飲みに行って明け方まで飲みまくり（これは今でも覚えていますが冷酒を14本飲んだ）、当時僕はマンションの407号室に住んでいたのですが、間違えて507号室に帰ろうとしたのです。

　もちろん鍵はささりません。普通そこでおかしいと思わなければダメなのですが、僕はピンポンを連打しました。507の人は怖かったと思うし、本当に申し訳なく思います。

　数分経ってオバさんと言うにはまだ少し早い感じの女性がパジャマで玄関を開けてくれました。そしてあろう事か僕の方がビックリして、

「ウワァ！　誰やお前、おかんと違うやんけ！」

　と言ったのです。すると、その方は以前どこかで話した事があるのか、

「あんたの家は下の階やと思う」

　と教えてくれました。

　それでも僕は、あの日はどういうわけか自分の家がわからず、結局マンションの共同玄関の所まで戻って寝てしまいました。

　本当にご迷惑をおかけしました。

　一方的な迷惑をかけたのはその1度しかないと思いますが、よくドラマなんかである、女性が明け方男性宅で目を覚まして、

「えっ、えっ、昨日私……やっちゃった？」

みたいな事の逆バージョンを1度だけ経験してます。

前日後輩と男だけで飲んでいたのに、翌朝目が覚めたら全く知らない、顔の大きな、それでいて目、鼻、口が顔の真ん中に集まっているドラクエの爆弾岩みたいな女性に頭を撫でられていた事があります。全く状況がわからなかったけど、

「誰や自分は？」

と言うのだけは絶対ダメだと感じ、冷静に思い出そうとしましたが無理。今自分達がラブホテルにいるという事しかわかりません。

猛烈に風呂に入って酒を抜きたかったけれど、知らない女を部屋に置いて財布から金でもパクられたら大変ですから、

「いやぁ、しかし昨日は楽しかった。自分、最高の女性やな、ウン。楽しすぎて飲みすぎた」

と言って帰る準備を始めました。するとその女性に、

「覚えてないやろ？」

と間髪を容れずに言われ、正直に言うのは失礼だと思ったし、自分が何をしたのかも知りたかったので、

「アホやな、覚えてるよ、俺変態やったやろ？」

と探りを入れてみたら、その爆弾岩のような女性は絶世の美女であるかのような甘えたトーンで、

「別にぃ？」

と言いました。僕は「ヒィィッ」と言って急いでホテルを後にしました。その日僕は美容院の予約を入れていたのですが、そのホテルから美容院まで自転車で15分くらいの距離を、途中漕ぐ気が全く無くなって3回くらい休憩を挟みながら行ったのを覚えています。

で、後から一緒に飲んでた後輩に聞いたら、

「吉田さんメッチャクチャ飲んでて心配でしたけど、最後俺がナンパしたコと消えて行きましたよ」

と誇らしげに言われました。

僕の後輩はそんな奴ばっかりです。


そんな失敗さえしなければお酒は本当に楽しいですよね。

昔は、家で1人でチビチビ酒飲んでるオッサンの事を、何が楽しいんだ、信じられない！と思っていたけど、今まさに自分がそんなオッサンになりました。おつまみは梅干しひとつで焼酎720㎖のボトルを1本空ける事ができます。そして酔っぱらうとスカッとします。

人間生きてて仕事もしてれば、腹の立つ事や納得のいかない事はたくさんある。酒の力を借りずに乗り越えられる人もいるだろうが、酒の力が必要な人もいる。

「あのオッサン酒臭いけどがんばって生きとるな」

それもひとつの「男らしい」かも知れないと思っています。

◉ハンデ

どうしようも無いバカもいれば、どうしようも無く凄い人間もいます。

例えばサッカーの本田圭佑。少し前ですが、日本代表のエースでありイタリアの名門ACミランで背番号10を背負っていた。

当時のミランの入団記者会見を覚えていますか？　外国の記者からの質問に通訳を通さず自分で英語で答えてましたよ。

その模様をニュースで見た翌日の夜、後輩と飲みに行き泥酔し、更にその翌日後輩に言われたのが、

「吉田さん昨日メッチャ酔っぱらわれて、最後に行ったラーメン屋の中国人の店員にずっと

ウォーター、ツーとか、ヘイ！　チェックアウトプリーズ！　とかずっと変な英語で話されてましたけど、何ですかあれは？」

……きっとニュースで見た本田選手への強い憧れが爆発したのです。サッカー凄いのに英語まで話せるんかい！　という。

あとどうしようも無く凄い人といえばダルビッシュ有選手なんかもそう。

日本で無敵状態になってアメリカに渡り、本場メジャーリーグでも一流になった。

ちなみに僕の相方、小杉はプレステの野球ゲームで凄い投手が作れた時に「コスビッシュ」という名前を付けていました。

大いなる憧れでしょうね。

僕も普段はベースボールキャップを被《かぶ》るのですが、少しでもダルビッシュっぽく思われたくて後ろ髪と襟足の部分を伸ばそうとした事があります。しかし僕は襟足の毛の生え方に強烈なクセがあって、ある程度の長さになるともう真下には伸びずに地面と平行になるかの様な伸び方をするので、ロビンマスクみたいになって終わりました。

他にどうしようも無く凄い人といえば、もう引退されましたがK－1の魔裟斗さんもそう。

言わずと知れた元世界チャンピオン。しかもその戦い方は判定勝ちを狙いに行くようなものではなく、毎試合打たれてでもKO狙い。

以前付き合っていた彼女と一緒にテレビでK－1を見ていて、

「お前、もし魔裟斗が今の彼氏と別れて付き合ってくれって言ってきたらどうする？」

と僕が聞いたら、

「えー、そんなん絶対有り得へんもん」

と言われ、

「有り得へんじゃなくてもしも、や。もしも大阪での試合の後、難波の居酒屋で打ち上げしとって、たまたまその居酒屋にいたお前に声かけてきよったらどうすんねんって」

「いや有り得へんやろ。ウチらが行く様な居酒屋には来んやろ」

「わからへんよ！　そこは意外に庶民的かもしれん」

「無い無い」

「って言うか場所どこでもええ。もしものもしもや、万が一声かけられたら付いて行くんかって聞いとんねん」

「その万が一が無い」

「だから仮にや！　お前何やねんその感じは？　はっきり言わんという事は付いて行くやろ？　何じゃお前は。このヤリマン！」

と言って彼女を号泣させた事があります。

僕としては「そんなん万が一声かけられたとしてもウチにはアンタがいてるんやから断るに決まってるやん」と、言って欲しかっただけなのですが……。

でももしそう言ってくれたとしても、

「じゃあ俺のどこが魔裟斗より優れてるか言うてみぃ。あるんか？　無いよ。適当な事ぬかすなこのアバズレ！」

と言っていた様な気もしますが。


とにかく、世の中にはどうしようも無く凄い人がいてるものです。そして、そこで皆さん思いませんか？　世界を相手にする様な超一流級は、なぜだか男前、すなわちハンサムが多いなぁ、と！

これは外国人にも言える事で、誰もが知るサッカー選手で何度もバロンドールを受賞したC・ロナウドなんかモデル級ですし、ウサイン・ボルトだってハンサム、マイケル・ジョーダンもハンサムだったし、平成の大横綱、白鵬だってハンサムではないかもしれないが超可愛らしい顔をされている。

そう。

すなわち、やはり顔が良いというのはスポーツ界でも有利なんです。

なぜ有利か？

それは、モテたいなぁとか女とHな事したいなぁとか、1人モンモンと悩む時間が無いからです。お笑いにおきかえてみても、例えば僕なんかはファミレスでネタを考えている時に、近くに綺麗な女性が座ろうものなら1時間の内30分間は、

「あぁ、あの女えぇなぁ。何とかならんかな」

などと考えてしまいます。

しかし、これがハンサムならばどうでしょうか？

ハンサムというのは女性に飢えてませんから、僕がいやらしい事を考えていた30分間も、夢に向かって、ただただ面白い事を考え続ける事ができるのです。

これは相当なハンデですよ。

夢を追うハンサムと夢を追うブ男の間には、えげつないハンデがある。

更に言うなら自分の服を買う時間も変わってきます。ハンサムは基本何を着ても似合いますから即決できる。すぐに服を買って夢に向かっての練習に打ち込めます。

ところがブ男はどうでしょう。

似合う服がなかなか無いからショップを何軒もウロウロウロウロウロ。その度に可愛い店員さ

んを見つけては「あぁこの女と何とかならんかな」などと思い、またタイムロス。服1着買う頃にはクタクタで、その日に練習なんてもうできません。

そして、ここ一番の勝負所にしてもハンデがあります。仮に自分がサッカー選手だとしましょう。1点負けている試合のロスタイムに絶妙のパスが来た。あとは自分が合わすだけ。しかし、シュートして決める事ができれば良いが、ミスするとこの先更に自分がモテなくなると思うのがブ男。

シュートなんか打てませんよ。

仮に打てたとしても萎縮して弱いシュートになる。練習通りのシュートなど打てはしない。ところが何という事でしょう！

ハンサムは仮にそのシュートを外したとしても、最悪それなりの女とはいつでも付き合えるわという心のゆとりがありますから、ブ男に比べ遥かに良い、練習通りのシュートが打てる。ただでさえ、ただでさえこっちは練習時間も少ないのにもう大変な差になります。

一体、こんな世の中の何が平等なのでしょうか？

ハンサムとブ男には、鷹ととんぼくらいの差があります。すなわち、今のこの世界は、どうしようも無く凄い人を過大評価し過ぎてるんです。

ハンサムは、できて当たり前なのです。

◉ボートレース

最近僕は、ボートレースにハマっています。それこそ暇さえあれば行っています。最高ですね、ボートレースは。

何がおもしろいかというと1号艇から6号艇までの6艇でよ〜いドンをするワケですが、このボートレースというのは圧倒的に1号艇が有利なんです。

1号艇が1着に来る確率は50％近くもあります。そりゃそうです。同じスタートラインからスタートするのですからインコーナーの1号艇が有利に決まってます。

ですが、そんなことは舟券を買う人間は皆知っているので、基本的にやはり1号艇の舟券から売れていきます。なので1号艇が頭の舟券というのは当たったとしても高配当になりにくい。

逆にいうと1着が1号艇ではなかった時は高配当になりやすいのです。

このバランスがたまらないんですね。

あまりたいした事のない選手が1号艇で出場して「あーこの選手今ひとつやけど1号艇やしなぁ」なんて気持ちで買って外した時の自己嫌悪たるや……。


俺は昔から何も変わっていない。

自分で考えて生きるという事を放棄し、薄っぺらい常識とやらに流されるままの人生。

そんな奴が金を稼げるワケもない。

こんな俺に比べて、あぁ何と野茂英雄さんは漢《おとこ》なのか。

常識などに支配されず自分が進むべき道を進んだ。結果、唯一無二の存在、日本人メジャーリーガーの先駆者になって多くの人に夢を与えた。

それに比べて、なんだ俺は？

もうこの業界を辞めた方が良いのではないのか？

こんな凡人が言う事で一体誰が笑ったり何かを感じたりしてくれるというのだ！


などと思いながら胃液を吐き出してしまう程に落ち込みます。

一方、1号艇以外が1着に来ると予想して舟券を買って当たった時の喜びはまたハンパではありません。

見たか庶民よ！

これが俺だよ、俺なんだよ。

たくさん勝って帰りたいという夢を現実にする漢、吉田敬。

薄っぺらい常識に支配されず、己の信念だけを貫く漢、吉田敬。

これができるから人前に立つ仕事ができる。

あぁ、今ならサッカー日本代表のメンタルコーチにもなれるだろう。

今ならどんな女優、グラビアアイドルにも『おまえ』と呼ぶ事ができるだろう！

などと思いながら券売機の近くに立っている受付のお姉さんに、少しだけおちんちんを見せてしまう程舞い上がります。

とにかく楽しんでいるつもりでした。

しかし、ある日、後輩に聞き捨てならない事を言われました。

僕はボートレースには、芸歴はそこそこ長いがまだ全く売れていない「烏龍パーク」の橋本という奴とよく一緒に行きます。

彼もまたドハマリしていて、少しだけ僕の方が詳しい状態でやり始めたのですが、今や知識は僕を上回る様になった程です。

いつもの様に橋本とボートレースに行き、帰りの居酒屋でその日のレースを振り返っていた時、ある程度酒がまわってきたのかポツリと彼は言いました。

「吉田さんって僕よりはボートレースを楽しめてないんでしょうね」

僕は一瞬カチンときて、

「あ？　何でや？」

と聞きました。そりゃそうです。僕なりにメチャクチャ楽しんでいたのですから。

橋本は答えました。

「だって負けても生活に困らないでしょ？　僕は違う。負けたらリアルに生活ができない。吉田さんは生活費とは別のお金で遊んでる。僕は全てを賭けてボートレースと勝負してる。だから吉田さんは、僕程刺激は無い筈です。可哀想といえば可哀想です」

僕はア然としました。

こんな愚痴と自慢のブレンドは聞いた事がありません。

しかし、言われてみると確かに僕は生活に影響が出る程はやりません。それは昔競馬とパチンコに狂い借金で首が回らなくなったからなのですが、実際、現在は余財の範囲でやっています。だからそこは橋本の言う通りなのですが、僕は橋本の先の発言から「あ、橋本は危険な方向に行っているな」と感じました。

生活の中心がボートレースになってきているのではないか、コイツは。

だからといってそこで普通に、「じゃあお前ももっとお笑いで金稼げるようになれよ。今のお前の発言は悲しい」と注意しても馬の耳に念仏ですから、彼にもわかり易くこう言いました。

「橋本、人生はうなぎどんぶりやぞ」

「どういう事ですか？」

「うな丼はごはんとうなぎと山椒で成り立ってる。ごはんの部分は自分自身や。自分が好きな『自分』になれるように頑張る。そうなれたら美味《おい》しい白飯の完成や。だから最悪、それだけでも全然いける。

ほんで、うなぎは嫁や家族。

美味しくできたごはんを更に美味しくしてくれる。

だから自分が美味しいごはんになる事をあきらめて、とにかくうなぎさえ載せりゃ人生変わるやろうと急いで変なうなぎでもいいからと載せてしまって無茶苦茶なってる奴いっぱいおるやろ。

ごはん出来てないのにうなぎでごまかそうとして失敗するパターンやな。

そして山椒な。これは趣味や。別に美味しいごはんに美味しいうなぎが載ってたら無くたって良い。でもあったらあった方が更に美味しくなるよな。

だから俺にとってのボートレースはうなぎどんぶりにかける山椒の様な存在。

お前はごはんも無くうなぎも無く、山椒だけをベロベロと舐めている。

そう考えると確かにお前の方が山椒だけを舐めているんやから山椒の刺激は俺よりも感じる事はできるんやろうな。

でも、果たして山椒ってそういうものかな。最後にちょっとパラパラっとかけて人生という名のうなぎどんぶりをより充実さす為のものでいいと俺は思う。違うか？　橋本」

橋本は目にうっすらと涙を浮かべてましたね。

酷《ひど》いですかね？

えぇ確かに酷いですね。完全に自分の事棚に上げてますからね。

実際は俺もたいした事ないごはんやし嫁もたいした事ないうなぎですから、山椒多めにかけんと食えたもんやない人生なのに。

でもね「吉田さんは僕程ボートレースを楽しめてない」って言った橋本の目が怖かったんです。

ほんの数％ですが、僕に勝ち誇っていたんです。それが癪《しゃく》に障ったので説教をしてやったのです。

そうして目に涙を浮かべる橋本に向かって、僕は最後にこう言いました。

「今のうなぎどんぶりの話は我ながら最高やった。メモっとけ！　お前はそういう立場じゃ！」

ボートレースは色々な事を学ばせてくれるなぁ。

◉重力について

考えてみれば地球の重力とは何なのだろう。万有引力とも言うのだろうか。

磁力とも違うこの力は何なのだろうと改めて思う。

しかも浮き上がりすぎず引っ張られすぎず絶妙。あまりにもちょうど良い。

もし地球の重力が今以上に強ければ、田舎のあぜ道を歩くお年寄りの杖は土に刺さるし、野球のフォークボールは落ちすぎてまず打てなくなるし、ボッキ力の衰えてきた中年男性にとってもますますフルボッキが難しくなって若い男性に全くもってかなわなくなる。

逆に、もし重力が今よりも少し弱かったとしたら、お年寄りの下の入れ歯は何かいつもほんのり浮いたような感じになって本人もさぞうっとうしいだろうし、野球もフォークボールは落ちないし確実にホームランが増えすぎて野球の面白さ激減。おチンチンもフワッと浮き上がりいつも半立ち状態になり、中年男性なんかは「あのオッサンいい年して何をいつもエロい事考えとるんや」となり、中年ならではのダンディな落ち着いた雰囲気が奪われ、ますます若い男にかなわなくなる。

なので今の地球の重力の度合いは絶妙絶妙大絶妙。

いや、待て。

確かに絶妙ではあるが完璧か？

限りなく完璧には近い。百点満点なら百点だし、千点満点でも千点だろう。しかし1万点満点だとしたら、０・５点くらいは足りてないのではないか。

断言しよう。

少し、ほんの少し重力が強い。

理由はいくつかあるが、まずケン玉が今の重力の強度では難しすぎる。楽しめない。不快。不快。

他には部屋の模様替えや引っ越しの際に毎回思うが、あまりにも家具が重すぎる。不快。

そしてずっと同じ所に座っていると当然お尻が痛くなってくるのだが、そのタイミングもやや、早い。

更には男性がおしっこをする時、どうしても便器の下に着水した瞬間必ずおしっこが跳ね返る。これは重力がやや強いから、必要以上に尿を勢いづかせているに他ならない。

女性もそう。年齢と共におっぱいが垂れてくるらしいが、そこまでおっぱいを地球側に引っ張る必要がどこにあるのか！　肩が上がらなくなったお爺ちゃんの為におっぱいを低い位置に下げてくれてるつもりだとしたら、重力がもう少し弱ければお爺の肩も上がるんだ！　不快不快大不快。

だから本当にほんの、ほんの少しだけ、地球の重力を調節できる目盛りがあるなら、やや弱めたい。しかし、この調節の難しさは良い感じに煮立った鍋のガスコンロの火を調節する難しさの比ではない。

明らかに「変わった」となってはならない。頭の高さからコインを落とし、今までは地表で20回クルクル回ってからピタッと止まっていたのを、20回ともうあと1／4回転する、くらいの感じの超微調整が重力には求められると思っている。

◉モチベーション

頑張って生きるという事に、一体何の意味があるのか？　と、時々思う。

例えば、女性に恋をして、その女性に認めてもらう為に、一生懸命仕事をして金を貯めプレゼントを買う。でも告白する勇気などないから自己啓発セミナーにまで通い、やっとの思いで告白をする。

で、あっさりフラレる。

そして僕の方が君を想っているに違いないのに、その女性はいかにもチャラいイケメンと付き合う。

好きにさえならなければ……。よしんば好きになるという気持ちは止められなかったにせよ、彼女とお付き合いしようと頑張りさえしなければこんなにも傷つかずにすんだ筈……。

わかり辛ければたとえを変えよう。

あるサッカー選手がいたとする。

その選手は幼い頃から日本代表になる事を夢見て、毎日必死に練習をした。

周りの同級生が楽しそうに遊んでいても自分を律して練習に打ち込んだ。サッカー部の先輩からの理不尽な暴力にも耐え、ただひたすらに頑張った。そして、ついにその選手はＪリーガーになれた。ところがＪリーガーになって2年目の時、右足に再起不能と思われる大ケガをした。もうサッカーは二度とできないかも知れないという思いと、激しすぎる痛みを伴うリハビリはまさに死闘。いっそサッカーを諦め、その時支えてくれたA子と結婚して、A子の実家の梅ジャム農家を継ごうかと思ったことは何度もある。しかし彼はその考えを甘えとし、「これ以上世話になってもお前を幸せにしてやるとは言い切れないから」とA子とも別れ、1人で懸命にリハビリに取り組んだ。

その結果、3年後に奇跡のカムバックをし、更には2年後、先発メンバーではないにしろW杯の日本代表メンバーに選ばれた。

そして予選リーグ3試合目。その試合に勝てば日本は決勝トーナメント進出という大切な試合。0対0のまま残り試合時間5分というところで、その時の代表監督、セルジオ越後氏に指名され彼は初めてW杯のピッチに立った。

彼は緊張のド真ん中にいた。

手足はまるで夢の中の自分の体のように重く、内臓にまで鳥肌が立っているのがわかった。

「無理だ」

そこへ彼に絶妙のパスがきた。

ゴールまで30メートル。彼と相手キーパーとの間には相手DFが1人だけ。

しかしパニックに飲み込まれて一刻も早くその状況から逃げ出したい彼は強引にシュート

を選択。

「多分入らない。きっと入らないのはわかっている。しかし子供の頃からサッカーの監督、コーチ、先輩から攻撃はシュートで終われと言われてきた。もう俺はヒーローにはなれない。ならばせめて、怒られるのが少ない方でいく！」

そんな思いで放ったシュートはゴールポストのはるか右上。

敵ゴールキーパーでさえ哀れみの目で彼を見た。あの目は、公衆便所の3メートル手前で泣きながらうずくまってウンコを垂れているオッサンを見た時の目。

結局試合は引き分け、日本は決勝トーナメント進出ならず帰国。

翌日から日本人全員で彼をまるで重犯罪者かのように袋叩き。

そして彼の親にまで脅迫状が届く有り様。

その時に彼は思った。

俺がサッカーさえ始めなければ……。

よしんば始めたとしても、日本代表になるくらいまで頑張っていなければ、ここまで恥をかく必要も傷つけられる必要も無かった筈だと……。

ちょっと、わかってもらえましたかね？　要するに、頑張るというのは一種の賭けでもあると思うのです。

勝てば栄光。負ければ頑張った分だけ辛い。

そしてあろう事か頑張った事の無い奴がより責めてくる。

「ホラ見ろ、頑張るからだ」

「頑張ったつもりなの？　あのチャンスであんなシュートしか打てないなら、それは頑張ってないんじゃやボケ」などなどなど。

でも僕は、そんな罵詈雑言《ばりぞうごん》浴びたって、頑張り続けてたら死んでから絶対良い事があると信じている。

輪廻転生《りんねてんしょう》？

違う。そんなロマンチックじゃない。

僕は、この世界は、人間には絶対に見る事も感じる事もできないくらい大きな大きな生命体の「キン玉の中」やと思っている。

元々は皆、精子でした。ライバルはたくさんいた。記憶には無いが、ダラダラしっぱなしの奴や、父のチンポの中を必死で走っている僕や貴方を笑った精子もいた筈だ。

でも僕たちは信じた。父のチンポの向こう側を。

父のチンポの向こう側を信じてただただただ走った。

おかげで僕達は人間になった。

人間が僕達の最終形態であると誰が決めた!?

信じてる。僕はこの世界の向こう側を。

だから辛くても、街の不条理に戸惑っても、信じたこの大きな大きな生命体のチンポ道を真っ直ぐ進む。

その結果、大きな大きな生命体の一人エッチで向こう側の世界に飛び出してしまったとしてもだ。

長々と書いたが自分は、まだ何かの精子であると思っている。だから完璧な幸せなど感じ得なくて当然。

それが僕のモチベーションだ。

◉コンビ

売れてない後輩らと飲んでると、中には延々と相方へのグチを言う奴もいてます。

やはりコンビでやっている以上、それは仕方のない事ではあると思うのですが、もちろんそれじゃダメだと思います。

失礼ながら先輩の中にもいますよ。「あぁこの人らコンビ仲悪いんやろな」と感じる人達。せっかくコンビでやってるのにねぇ。

勝負してる相手がお客さんや他の芸人じゃなく、相方になってしまっている。

でも気持ちはわかります。

何でなんでしょうね。オスとオスだからなのか。2人で売れて金持ちになろうと決めてこの世界に入ってきたのに、それがいつしか、「あぁ○○というコンビはA君の方で持っているな」と思われたくなってしまう。

せめて売れて、仲が悪くなっても生活ができるのであればまだ良いのでしょうが、1回の舞台ギャラがたかだか5百円ポッチの奴らの中にもそういう考えになってしまってる奴がいてる。

そうなると非常に危険で、「スベれ相方!」となり、更にスベった相方に「ハイ、スベったぁ。何ですか？　今のギャグは？」となる。

すると今度は言われた側も当然覚えていて、逆の事が起こるとここぞとばかりに復讐をします。

もうウケるとかそんなん関係ない、ただただ相方をムカつかせる作業になる。

そういう相談を後輩から受けた時、僕はいつもこう答えるんです。

「今こうして居酒屋で話しているこの瞬間も、淀川の川辺の岩の裏で虫と虫がケンカしている。お前らそれと一緒。そんなケンカ誰も見てないし、知らん。お前らは売れてこの世界を翔《はばた》きたかったんちゃうんか？　そんな地獄の裏から1人では出てこれへんと思ったから、コンビ組んだ筈やろ。じゃあまずせめて岩の裏から出てくるまでは協力しあえよ」と。

で、実際ブラックマヨネーズはどうか？　はっきり言ってありましたよ、そういうの。でも、僕も小杉も互いに2人目の相方なので、比較的少ないかもしれません。どっちもそういう経験をして1回失敗してますから。

だから僕が最初に自分の弱みをさらけ出しましたね。

「おい小杉、お笑いとバスケットボールは似てる。俺がシュートして外しても、お前がリバウンド取ってくれたら、まだブラマヨボールや。逆もしかり。だから間違っても何やねん今のシュートは、とか言ってはダメだし、リバウンドを取りに行くのを放棄した様な動きもやめてくれ。あぁ、ちゃんとリバウンドを取りに行こうとしてくれるんやと思えて初めて、遠い位置からの思い切ったスリーポイントシュートも打てるんや。そしてもう1つ、基本俺のシュートは入らないと思え！」

ムチャクチャですが、そういう風にパートナーに弱い部分を見せるというのはかなり大事な事だと僕は思ってます。

安い、誰も見てないプライドの様なものを大切にするあまり、生活できる程の金も稼げてない事の方が辛い。


まぁ偉そうに言っておりますが未だにありますけどね、そういう水面下でのケンカは。

「アレ？ ツっこんでくれない」

「エッ、今の頭たたくツッコミ、だいぶ暴力寄りに感じてんけど……」

みたいな。

そんな時は仕事終わりでできるだけすぐに言うようにしてます。

「何かあったんか？」と。

ボヤはボヤの内に消す事。火事は放っておくと更に消すのが難しくなる。

そんな話を後輩にして、ウソでも後輩が、

「なるほど！」

みたいな顔をしてくれる。

まだ売れてない後輩相手にそういう事語って時間を過ごすの、大好きですね。

◉罪と罰

犯罪が後をたたない。

なぜだろうか？

それは偏《ひとえ》に罰が軽い、刑務所がナメられているというのが絶対あると思う。

例えば未だに人通りの多い道で歩きタバコしている奴がいるが、そういう人らも飛行機ではタバコを吸わない。

それは見つかった時に逃げ場がないし、いかに大事になるかをわかってて恐れてるから。

学生時代にさかのぼってみても、怖い先生の時は皆無駄口をたたかず真面目に授業を受けていたのは怒られた時の事を考えるから。

ところがたまにニュースなどで流れる刑務所の情報などを見るとどうだ、食事などはなかなか良いものをとっているし、野球大会なんかもあるらしい。

もちろん罪を償い、更生して欲しいが、被害者の側はそこに何年かブチ込まれて出てきた加害者を許せるのだろうか？

例えばもしも俺が空巣に入られたとしたら、仮にその泥棒が捕まったとしても許せない。だってそいつに盗られたものは基本返ってこないのだから。しかも空巣くらいならしばらくしたら出所してくるだろう。許し難い。こちらには「損」しかない。

だから、せめてそいつが刑務所に入ってる時、全身麻酔をうち、爆睡してる間に金玉袋から金玉を抜きとり、また金玉袋を縫い合わせ、そいつが目覚めた時に、

「アレ？　何かおかしいぞ。あっ！　金玉が無くなってる！」

くらいの気持ちは味わわせてやりたい。

あとは結婚サギでも何でも、サギ師への罰も考え直すべきだ。

例えばサギで捕まった奴に「10キロメートルを45分で走ったら凄く良い環境の刑務所に入れてあげる」と、がんばればできそうなことを提案してやる。そしてそのサギ師ががんばって達成しても、もちろん汚い刑務所に入れる。

そんな事を「今度はマジ！　今度こそマジやから」と言って何度も裏切る。そしてそして、「被害者がお前の減刑を求めて10万人の署名を集めた。なんでも、騙された自分も悪いのだから、犯人の方にはぜひともサギに使った労力をまっとうな方向に使って欲しいと言ってく

れている。被害者の方に感謝するんだぞ。出所だ」

と言って私服に着替えさせて刑務所を出ようとする寸前で襟元をつかんで、

「ウソじゃボケ！」

と言ってまた刑務所に入れるという騙され地獄に落としても良いと思う。

更には先日、道行く女性を脅し、今はいているパンティを脱がせ、それを奪って逃げるという事件があった。しかも犯人は道行く人だけでなく女性の住んでいる家にあがり込み、はいているパンティを強奪するという様な事もしていたらしい。干してある下着では嫌で、今まさにはいているパンティが良いらしいのだ。

結果的に被害はパンティを奪われたのみらしいが、その時の女性の恐怖たるや尋常ではなかった筈。犯人が捕まった今も思い出しては震えているだろう。

善良な市民にそんな思いをさせたのならば、やはり同じくらい、イヤそれ以上の恐怖を味わわせてやりたい。

例えば鮭で作った特製のパンツをそいつにはかせて、そいつの部屋に腹をへらした熊を入れるというのはどうだろうか。

腕力でかなわない相手にパンツが狙われる。

ひょっとしたらパンツだけでは済まないかもという恐怖。そんな気持ちを被害者の方は味わった筈なのだから。

少しきつい提案かもしれないが、要は悪い事をしなければ良いだけの話。その事を、誰に一番言いたいかと言えば、俺。そう、これは俺自身に強く言いたいのであった。

◉下調べをするという事

ブラマヨは、コンビを結成してすぐに売れたワケではありません。時間がかかりました。30歳を手前にしても一切売れる気配はなかった。もちろん面白い事をしてる気ではいたけど、ガンガンTVに出る自分を今イチ想像できなかったし、月の給料が百万を超えるなんて空中浮遊と同じくらいピンとこなかった。しかしこのくらいの頃には同期や後輩たちがチラホラと売れてきだして焦りだけは強烈にわいてくる。

だから、「このままいったら俺どうなるのかな。いつか親が死んで遺産が入るやろうけどそれは遥かに先の事過ぎる」「入ったとしても俺の親の遺産など大した事はないだろう……。弟にも半分あげないとあかんのかな？　でも弟はいい奴だから辞退してくれるんちゃうかな」などと、とても酷い事を考えていた。

だからどちらかというと圧倒的に、自分はホームレスになるんではないのかという不安感の方が凄かった。

きっと、年齢もそこそこいってて芸歴も長くなってきてまだ売れてない芸人は、皆同じ様な不安を持っていると思う。そんな不安を持ちながらも、「いや自分は大丈夫な筈だ」と何の根拠もない自信にあぐらをかいてる奴らも、また多い。

僕はね、そんな頃1人で取材に行きました。関西でも特にたくさんホームレスの方が集まっている街に。自分がなるかもしれないホームレスとは実際どんな暮らしをしているのか？案外楽しく暮らせるのであれば恐れるものなど何もない。気楽に売れない芸人人生を過ごせるし♪そんな事をしてる暇があるならネタの1本でも作っとけよとおっしゃる皆さまの気持ちもわかるのですが、何かと理由をつけてネタから離れるのもまた、売れてない芸人の性《さが》なんですね。

とにかく僕は、彼らがどんな暮らしをされてるのかが知りたくて、その街の、中でも特に中心とされる△△公園まで行きました。△△公園は名前だけ知ってて場所は知らなかったので、生意気にもタクシーで行きました。

びっくりしました。タクシーから降りて即、6、7人のホームレスと思われる人達に囲まれました。「おいコラ兄ちゃん、何を冷かしに来とんねん」ってな事でしょうか。僕はダッシュでその場から逃げ、それでもまだ街をウロウロしました。

街には見た事のない種類の犬もいました。大型犬と中型犬の間くらいの大きさで、無駄な肉の一切ない強そうな体に真っ黒の毛並で、顔は「この犬、何代か前にちょっと人間の血入ってるんちゃうんか」というくらいおっさんの様な顔をしていました。本気出したら「今日暑いな」くらい言うんちゃうかなと思った程です。

街を更に歩くと衝撃的なおじさんを見ました。タイヤがパンクしているボロボロの車イスに乗ってて、顔面血だらけ。まさに今誰かに激しく殴られたてホヤホヤ。喧嘩なのか何なのか知りませんが、車イスのおじさんがここまで殴られる世界って……。しかもそのおじさんは僕にまで好戦的にきたから、また俺は逃げました。

「何て所に来てしまったんだ」と思いましたね。

それでもまだ何かを欲しかった僕は、もう本当は一番行きたかった△△公園から少し離れてしまったその街の端っこの更にサビれた所で横たわっている、ちょっと人のよさそうなおじさんに勇気を出して話しかけました。

「おっちゃんは何でここで寝てるんや？」

「そら同じ様なんいっぱいおって安全やからや」

「安全か!?」

「この辺より、繁華街の若い奴の方が怖いやろ」

「そうなんや……。でも何であっちの△△公園で寝えへんのや？　公園の方が居心地よさそうやのに」

「あかん。あそこは力があるかベテランやないと入られへん」

僕は心底驚きました。

僕はサラリーマンの経験もあるのですが、その時に、ただでさえやりたくもない仕事やってんのに何でたかだか先輩というだけの奴に偉そうにされんとあかんねん、という気持ちがあったので一念発起、芸人になろうとしたのです。

心のどこかに、芸人目指してあかんかったらホームレスにでもなったったらえーわ。それはそれで自由やろ、みたいな甘い考えもありました。

しかし、それはこのおじさんの一言でぶっ飛びましたね。

「あかん、ホームレスにもヒエラルキーあるんや。俺は絶対なりたくない。俺は絶対堪えられない」

当然、まだまだ俺には計り知れない事情でホームレスになった人もいるだろう。しかし、この時率直に思ったのは、俺がんばるなら今やなと。若さに甘えてたなと。

そろそろいい年になってもまだ売れていない若手芸人達に言いたい。

よく、何があってもまたゼロからがんばったらいいなどというが「ゼロ」はキツい。キツ過ぎる。それならまだ、せめて家があるというだけの「1」で踏みとどまって気合いを見せて欲しい。ただ、がんばり過ぎて俺を追い越すのは、絶対に禁止だが。

◉奢るという事

よく「○○先輩は必ず奢《おご》ってくれてカッコいい。自分が借金してでも後輩には金を使わせない」とかいう話を聞きます。特に僕らみたいな世界では。

僕はそんなん大反対。

借金してまで奢るとか考えられない。

そんなん「最近僕エッチしたくてしたくてどうしようもないんですよ」という後輩に、自分のおかんの乳をもましてやる様なもんです。

奢るなんてカッコいい行為は、まず自分じゃ持て余す程のオッパイを手に入れてから、「エッチしたいんか？　しゃーないな、俺の愛人6号の乳もましたるわ」

くらいの立場になってからでいいのではないでしょうか？

あり余る程のオッパイを持ってるくせに、それでも飢えた後輩にオッパイを分けてやらない。

それが「ケチ」だと思いますね。

◉バランス

僕の事をよく知ってくれている人からすると今さらな話ですが、僕は根っこからマイノリティな人間なんです。

例えばよくみんなは、恋人同士とかなら特にそうでしょうが、寝る前にメールで「おやすみ。いい夢見てね♪」なんて送ったりしますよね？　僕はこの「いい夢見てね」が好きじゃない。

「は？　いい夢なんか見てしまったら起きた時の現実が悲しいやないか」

と思ってしまう。

というのも昔、メッチャクチャ金を拾いまくる夢を見た事があるのですが、まぁ幸せでした。あの自販機の下に金落ちてるんちゃうかなと思って覗いてみたら帯付きで百万。あの車の下も怪しいと思って覗いたら6百万。そんな感じで拾いに拾いまくって3千万程になりホクホク顔で机の引き出しにゴッソリしまった時に目が覚めた。

でも目が覚めた時はまだはっきり夢だったとは思わなかったので、

「どっちや!?」

急いで布団から跳ね起きて机の引き出しをあけました。

「無い無い無い。ヤダヤダヤダ」

はっきり言って、真剣に3千万損した気になりました。あの時の絶望感は忘れられません。それに比べて悪い夢はいいですよ。

昔、中学1年生の頃、光GENJIが大ブームだったのですが、ある日の放課後、いつもは遊びに誘っても断ってばかりの池田という奴がなぜかその日は「遊べる」と。

珍しいなと思って一旦家に帰って再集合するとその池田君、ローラースケートで現れたんです。しかも歌番組で光GENJIが履いてるようなブーツタイプのローラースケート。一応僕もローラースケートを持っていましたが僕のは安物、いわゆるつっかけタイプというのですかね、サンダルの底にローラーが付いているだけの物。もちろん値段は雲泥の差。ブーツタイプのローラースケートなどテレビの光GENJIでしか見た事がなかった。

「そうか、だから池田は普段誘っても断るくせに今日はこれを見せつけるために遊べると言ったのか」

しかもまた腹立つのが学校には履いてこなかったという事。さすがに履いて通学は厳しいにしても、きんちゃくに入れて持ってきて休み時間に見せてくれれば良かった筈。それをしなかったのは僕らが通っていた中学は当時メチャクチャヤンキーが多く、そんなお宝を持ってきたらカツアゲされる可能性が大だからに決まっている。しかし、コイツは俺の前には持ってきた。履いてきた。吉田なら取り上げない。最悪取り上げようとされても吉田には勝てると思っていやがる。コイツは俺をナメている。

その日の夜、池田を殺す夢を見ました。

どうやって殺したのかは覚えてませんが、とにかく殺して、通ってた中学の校庭の端っこにある木の下に池田を埋めました。もちろんブーツタイプのローラースケートは欲しかったのですが、そんなもの持ってると殺した証拠になりそうなので、断腸の思いで池田と一緒に埋めてやりました。

きれいに埋めて、自分の中では完全犯罪をしたつもり。しかし数日後、私服の警察官２人組が僕の自宅に来て、池田君について知ってる事を色々聞きたいと。僕は玄関で応対していたが、なぜだか明らかに警察は俺を疑っている。

「ヤバイヤバイヤバイ。バレるバレるバレる。捕まるのは当然イヤだし、いつまでこの不安な気持ちで生きなければならないんだ……」

という思いに鳥肌が立ち、心底後悔した時に目が覚めた。

「え？　何？　今布団やけど俺が捕まりそうになったの夢？　ということは、え？　池田殺したのも夢？　殺してない！　やった！　今からまた僕は普通の暮らしを送れるんだ！」

と思いました。何でもない日常が、超ありがたい事に気付けたのです。

このように、夢は絶対悪い方がいい。だから友達などからのメールの最後に「いい夢見てね♪」なんて書いてあると、コイツは薄っぺらい奴だなぁと思ってしまいます。

しかし、かと言って「起きた時のお得感凄いから悪い夢見てね♪」なんてメールをもらうと、何やねんコイツめんどくさっ！　という感覚も僕はきちんと持っています。

生きていく上では、そのバランス感覚が大切なのだと思います。

◉タイブレークはこうすればいい

高校野球でタイブレーク制が導入されました。タイブレーク制とは、同点のまま延長戦に入り、それがあまりに長引くと投手の肘に負担がかかり過ぎる為、延長12回くらいで決着がつかない場合は、以後ノーアウト満塁など得点の入りやすい状態から始めて、できるだけ早い決着をうながし、投手の肘の負担を減らそうではないかというルールです。

この新ルールの導入については、賛成派と反対派真っ二つに分かれていました。賛成派の意見は、高校球児には将来の方が長いのだから肘をルールで守ってあげるべき、という考え方。一方反対派は、いやいや今まで長い延長戦だからより強く感動できた試合もあったし、延長戦から学ぶことも将来の長い高校球児にはある筈だ、という意見。

どちらの意見も凄くわかるから難しいですよね……。でも、悩むということはどちらの意見もパンチ不足なんでしょうね。なので俺からの意見も。

確かに延長20回とかなったら肘に良いワケがなく、「先生、もう僕限界です」と言える投手ばかりでもない筈なので、延長は15回までで良いと思う。しかし、ノーアウト満塁などからイニングが始まる野球には違和感がある。なので、延長15回まで戦ってなお決着がつかない場合は、互いの監督が1つずつ、自前の高校野球川柳を詠み合って優劣を決めるのはどうだろうか？

延長15回が終わるとおもむろにピッチャーマウンド前にスタンドマイクが置かれて、まず先攻チームの監督から高校野球をテーマにした川柳を詠みます。

「人生は　シングルヒットの　積み重ね」

みたいな何かイヤな感じの川柳が飛び出たら球審が「ボール！」と言う。次に後攻の監督が出て行き、

「グローブで　包むは　ボールと永遠の友」

みたいな良い感じの川柳が出たら球審が「ストラーイク‼」と言い、後攻チームの勝利とする。ボールとボール。ストライクとストライクが続けば、どちらかがストライク1ポイント差がつくまで川柳延長戦。

どうだろうか？

生徒対生徒の戦いが15回もやって五分なら、もう最後は大人の監督が責任をわかりやすい形で背負って出てきたら良いと思う。

最後の最後、本当に自分が出て行く可能性があるワケですから、普段の指導からも変わるでしょう。

とんでもなく大恥をかく可能性もあるのだから、安易な体罰も思いとどまる筈。

他人の一生懸命を笑わない教育にもっと力を入れる筈。

万が一変な川柳を詠み球場が失笑に包まれても、それはそれでもう球児達の戦いはノーサ

イドなのだからほのぼのした空気にもなるし、数年後の飲み会で「先生のあの川柳おもろかったなあ」などと、良い笑い話にもなるかもしれない。

そしてアホ過ぎる川柳、例えば、

「美技しても　結局男は　チンプレイ」

みたいなものを詠んだ先生は、いつか絶対問題を起こすのだから教員免許を取り上げてやったらいい。

ぜひとも高野連の方は参考にしていただきたいのです。

◉バレンタインデー・男編

毎年2月になるとバレンタインデーというのがありますが、一体何なんでしょうね、このイベントは。

モテない男からしたら地獄ですよ。

「今年も1年貴方のことを好きな人はいませんでした。はいお疲れした」

ってわざわざ思い知らされる日。

一応ブ男はブ男で緊張はしてるんですよ、毎年。

あれは梅雨の頃、同僚の女性社員がひどく落ち込んでた時、俺優しい言葉かけたよな？　しかも自分にしては割と上手に話しかけられた。あの時の俺の一言で、彼女は俺との未来を大いに想像し、あぁ本当に私を幸せにしてくれるのは、こういう人に違いない！　と気付いた筈だ。さらには年末、会社の忘年会でみんなで行ったカラオケＢＯＸ。

俺は尿意の限界だったが彼女が歌っている間は決してトイレに行かなかった。

彼女が歌うラブソングのサビの部分。

「この歌詞メッチャえーやん！」

というような眼差しでモニターを喰い入るように見つめていた俺。彼女は熱唱しながらそんな俺に気付き、

「あぁ、この人はわかっている。この歌詞をわかってくれる人なら、きっと私を幸せにしてくれる！」

と俺との未来を大いに想像した筈だ。しかも彼女が歌い終わるやいなやトイレに立った俺を見て、

「あ、私が歌い終わるまでこの人はトイレを我慢してくれていたんだ。え？　ひょっとしてこの人も私の事を……？」

ってな感じでさり気ない俺のアピールに心打たれた筈。

仕上がった。

チョコを彼女から貰える根拠は充分にある。いや、やや弱いか？　いや大丈夫だ。ある日会社で俺が物思いにフケっていて、ふと彼女の方を見ると彼女も俺を見ていて目が合い、急いで彼女は目を逸らした。俺に好意がなければその件の説明がつかない。

で、いざバレンタインデー当日。喫茶店のウエイトレスがおしぼりを置くように彼女は俺のデスクに小さなチョコレートを置いた。

いやいやおかしい。こんな義理チョコのわけがない。周りの、同じ様に彼女にチョコを貰う男性社員のチョコを見る。絶対に俺のチョコは、彼女の照れ隠しで義理チョコの様に配られたがこの中の誰のチョコより大きい筈だ！　高級な筈だ！　俺はそのメッセージを感じとってやらなければならない。

しかし、あぁ何という事でしょうか。俺に配られたチョコは何ら他の男性社員と変わりなく、むしろ頭の禿げあがった、媚《こ》びへつらうだけで出世してきたクサレ部長へのチョコの方が大きい。

したたかな女。

そして俺は見てしまった。昼休み、たしかに男前だがヤリチンの噂がたえないAという男性社員に、こっそり彼女が俺に配ったチョコの10倍はあろうかという立派な大きさの、リボンにくるまれた何かを、まるで盗んだ自転車を持ち主に返すかのごとくソワソワドキドキした感じで渡していたのを。

何？　あの女。あんなAみたいな男に遊ばれて下の病気にでもなりたいのか？

胸クソが悪い。

あんな女とは思わなかった。

彼女なら、あの凄く寒い雨の日、スーツの肩をビショビショに濡らして外回りからデスクに戻ってきた俺の頑張りに、心打たれてくれていると思ってた……。

その日、俺は家に帰ってビールの様でビールでない安い酒をたらふく飲んで、酔っぱらって気が大きくなったところで40分8千円のデリバリーヘルスを呼んだ。関取の安美錦《あみにしき》のような女が来たが、俺は関取のエロテンションが少しでも上がるようにと、

「メッチャ可愛いな。プライベートでも会いたいな」

と言い、果てた。

途中、幾度も彼女を想った。

デリヘルの女が帰り、残っていたぬるいビールもどきの酒を飲む。

窓の外には朝刊を配るカブの音。


俺は彼女が好きだった。

そして今年も、俺を認めてくれる人はいなかった。

ほんま、ブ男にとってバレンタインデーは大変ですよ。

◉バレンタインデー・女編

では、可愛くないブスな女性にとってのバレンタインはどんなものなのか？

もうすぐバレンタイン。今年こそ同じ職場のあの人に想いを伝えるんだ。
チョコはどうしよう。手作りは重いかな。第一、私、料理なんかした事ないし。でも好きな人の胃袋を摑めと言うし……。そうだ！　あの人よく職場でコーヒーを飲んでるわ。少しいいチョコを買って、コーヒーを足してまた固めてみよう！　そうそう、小分けにしたものもいくつか作って他の男子ザコ社員に義理チョコとして配ってあげる。それを見たあの人は「あぁこんな家庭的なコはやっぱ良いよな」と思ってくれるに違いない。そして仕事終わり、明らかに大きな特製手作りチョコをこっそりあの人に渡すんだ。

いよいよ、明日バレンタイン。費用が意外にかかっちゃった。といってもチョコを買いに行った時に目に留まったマカロンを、自分用に5つも買っちゃったからだけど。あーん、また太っちゃう。でもいいか、最近はポチャカワイイなんて言葉もあるもの。しかしマカロンって高いわね、クソが。頑張ってチョコ作ろっ。あっそうそう！　ひょっとして明日チョコを渡したらそのままあの人に誘われて……。なんて事もあるかもだからムダ毛の処理もしなくっちゃだね。ルンルン♪

で、翌日。

私の特製チョコに、男子ザコ社員は餌をまかれた鯉みたいに喜んでいた。あの人にも様子を見て小さなチョコをまず渡してみたの。するとあぁ何という事でしょう。まるでタクシーの運転手からアメ玉を貰う時のように受け取ったの。別にいらん感が凄かった。照れてたのかな？　違う。私聞いちゃった。あの人が同僚に今晩飲もうと誘われて、「今日は大事な約束が……」と言って断ってるのを。「女かよ？」と問われて「ハイ。思いっ切り、女です」と嬉しそうに答えてるのを。

その日私は1本7百円のワインを西野カナを聞きながら飲んだ。たるんだ腹の肉を摑んでこの脂肪が胸にいけばいいのにとまた思った。友達のA子と昔勢いで買った大人のおもちゃでオナニーをした。A子の前ではカッコをつけて小さめのバイブを買った事を後悔しながら。それでもあの人を想うと、5分で果てた。

その後故郷の女友達から「最近どう？　男できたー？」というメールがあった。

「いないよー。てか出会いなさすぎ。職場にもろくな男いないし」

と返した。

また強がった。

私はまた思い上がっていた。このメールさえ着信音が鳴った時はひょっとして私のアドレスをあの人が調べて？　と思ってしまった。

自分のたるんだ腹を棚に上げ、自分がブ女だと認めたくない一心で今年もまた強がった……。

そうかそうか。やっぱブ女も大変でしょうね。でもいつか、このような悔しさを糧《かて》にして、ブ男やブ女にも最高のバレンタインデーが訪れますように！

◉卒業式で泣く奴の浅さ

思えば僕は、小中高と3回卒業式を経験していますが、1回も泣いた事ないです。むしろ、悲しいと思った事さえない。

小学校の卒業式の時、何人か泣いている子が主に女子でいましたが、「ウソつくな」と思ってました。

「いやいや市立の小学校で同じ校区なんやから家近いやん。お前ら会えるやん。いやいやむしろ同じ中学行くやんか」

って。

中学校の卒業式の時もそう。

「確かに行く高校がバラバラになるけど同じ校区やん、会う気にさえなればすぐ会えるやん。え？　じゃあ今泣いてんのは何？　俺とは学校の中だけでの友達で、もう行く学校変わったら会わへんつもりなん？」

と、泣いてる友達を見てむしろ人間不信になりましたね。

高校の卒業式の時はさすがに自分でも泣くかもなぁ、泣く価値は今までに比べてあるなぁと思ってました。

でもまったくでした。目、カサカサ。大学決まってる奴らと一緒に泣いてる場合やないと思いました。

旅行でいうなら、自分は朝10時チェックアウトやのに昼12時チェックアウトのホテルに泊まってる奴と同じ時間までガンガン酒飲んでられへん、みたいな感覚です。

カッコつけていうと、もう前を見てました。

そしてその自分の視線の先に何も映っていない事が怖かった。

今思うと、何もカッコ良くないんですよね。みんなが卒業という名の滅多に味わえない美味しい料理をゆっくり噛みしめながら味わっている時に、僕はいち早く飲み込んだというだけの話。もっと今はこういう時間だからと味わっても良かった。

もったいない事をしたのかもしれません。

◉アホかも知れない俺の後輩

これをご覧の皆様の中でも住んでいる方が多くいると思います。

東京暮らしはどうですか？

僕はもう、東京に10年以上住んでいますが、未だに家賃の高さには慣れませんね。

東京で部屋探しをされたことのある方は、不動産屋から家賃を聞いた時、スカイツリーを見た時よりも「高いなぁオイ！」と思われた事でしょう。

実際僕ごときが住んでいるマンションの家賃でさえ、どこかの田舎なら駅から徒歩1分どころか、もう、駅に住めるんじゃないですかね。

ただ、女性のレベルも高いですね。どの街にもいてると思うのですが、真夜中に酔ってんのか、フラフラになって歩いてるコ。もう、このコは誰が声をかけてもついてくるやろうってコ。東京はそういうコのレベルまで高い。

地方のそういうコって、たいがい何か影があるやないですか。動物園の動物でいうならアリクイとかアルマジロみたいな。

まぁでもこんな深夜やし、俺もたいした事ないし、アリクイやアルマジロとわかってるけど声をかけようか、というのが男というものです。

東京は違います。

そこがジャガーになる。

ジャガー級の女性がド深夜に怪しく歩いているのです。

ジャガーなんか地方のコンパ行ったら主役張れますよ。

大阪から東京に出てきた、まだ売れてない後輩もそこに驚いてました。

「吉田さん！　こないだ渋谷で夜中2時に声かけたかわいいコ簡単にいけちゃいました。僕があんな簡単にいけたのは大阪の住之江で夜中にでかい声で1人で叫びながら色違いのクツはいてシュークリーム1つだけ入ったコンビニの袋振り回して歩いてた女のコ以来っスよ！　凄いっス東京」

と。

僕もその話を聞いて東京は違うなぁと、おおいに感心したものです。

本当に僕の周りは変な奴ばかりです。例えば今書いたシュークリームを振り回して歩いてる女性をナンパしたのは平松という奴なんですが、彼は仮性包茎なんです。それをずっと悩んでいて、ある時温泉旅行に行って風呂場の脱衣場で平松のあそこを見たら、よく女性が風呂上がりなんかにしているヘアゴムあるじゃないですか？　あれを2本使っておチンチンの皮を剥いた状態がキープできるようにしとるんです。

ようするに、おチンチンにヘアゴムを2本はめとるんです。

「お前何してんねん？」

と聞くと、

「むけたときの形覚えさしとるんですよ。吉田さんもしますか？」

って言いながら山程いろんな黒とか青とか緑色の、カラフルなヘアゴムが入ったビニールのポーチを俺に差し出してくるんです。

「いやいらんけど、つけるにしても、1本でえーんちゃうんか？」

「いや1本じゃ包茎に戻ります。ホントいいですよコレ、吉田さん黒と黄色のゴムどうですか？　危険な感じでカッコいいじゃないですか？　僕は今日温泉連れてきてもらってめでたいから赤と白にしてきました」

「色にも意味あったんかい！」

憎めない男です。

あとは前の項でも書いた「烏龍パーク」というコンビの橋本も最近様子がおかしい。元々優しい男なのですが、生きてたら優しさが踏みにじられる事もあるじゃないですか？　彼もきっと何度もそういう経験をして、更に十数年売れないという現状も重なってか、ややノイローゼ気味なんです。

先日も居酒屋で2人で飲んでたらボートレースの話からお笑いの話になり、酒が進むにつれて会社の愚痴になり、そもそもこの国はなんたらかんたら、みたいな話になってきたんです。まぁよくあるおっさん2人の酒ですよね。

そしたらあいつ、目に涙浮かべて語り出しました。

「吉田さん、この国はホンッマおかしいです」

「おかしい事多いよなぁ」

「渋谷のハチ公もおかしくないですか？」

「何が？」

「渋谷のハチ公の銅像をみんな待ち合わせ場所に使ってんのおかしないっスか？　ハチ公って犬はご主人様を待って待って会えなかった犬ですよ？　その忠犬ハチ公の話に感動したク

セに、その犬を前にガンガン約束したツレと合流するって酷くないですか？　そんなん見せつけたったらハチ公可哀相でしょう！」

僕は面白い事言いよるなぁと思いました。

でも橋本は目に涙浮かべて真剣なんですね。

だから僕は言ったんです。

「お前えーなぁ、今のハチ公の話面白いで」

って。

そしたらあいつ、

「へっ？」

とまるでボートレース場で「また負けたぁ！　ちくしょう！」と叫んでハズレ舟券握りしめてるおっさんに「いやおっちゃんその券当たってるで」って教えてあげた時のおっさんの「へっ？」と同じ返事をしよったんです。

「面白いですか？」

「面白いと思う。どこかで言えば？」

「ありがとうございますっ」

俺もたいがいな男だと思いますが、橋本といるとドクターの気持ちになれます。

もう何年も何百回と彼らと飲んだり遊んだりしてますが、向こうから誘われた事はありません。ひょっとしたら彼らは俺から卒業したがってるのかもしれません。「もう俺を卒業しろ」と言ってあげると、きっと嬉し泣きで、涙、涙の卒業式となるでしょう。もちろんその卒業式で、僕が泣く事があるワケもなく……。

◉ギャンブル論

僕はもう20年以上、ギャンブルをしています。芸人を目指す前から。といっても運や流れだけのあまりに目に見えないもの頼りのギャンブルじゃなく、公営ギャンブルやパチンコなど、自分の力で何とかなりそうな気がする方のギャンブルを。

で、トータルとんでもない額負けてます。国産車なら何でも買えるぐらいどころか、小さなマンションまでも買えたかも知れません。

酷いもんです。

とにかく長い時間働く事と人と接するのが嫌で新聞配達をしていた時があります。

朝刊を配っていたのですが、給料は1日3時間弱で1ヶ月8万円程。時間給でいうとそこそこ良いのですが、まぁキツかった。

冬場なんか寒いのはもちろん、朝4時、5時なんて真っ暗で墓地の近くを通るのがとても怖いし、起きて雪が降ってる日なんか絶望ですよ。

「あーちくしょう！　何で今日も新聞あんねん。昨日何も事件が起こらへんかったら今日新聞なんかなかったんちゃうんか！」

とまで思います。

そして暖かい気候になったらなったで、今度は虫が出てきて怖い。郵便受けの周りにスズメ蜂がいて危ないし、山のふもとの家に配りにいくと、カブ（配達員さんの乗ってるバイク）のシートの所に異常にデカい蛾がとまっていたり……。名刺4枚分ぐらいの大きさはありました。「もうお前は鳥になってくれや！」と叫びました。デカ過ぎるって怖いですよ。普通サイズのネズミよりデカ過ぎるゴキブリの方が怖いし、普通サイズのカラスよりデカ過ぎるハトの方が怖い。相場を超えてくる奴って怖いな、なんて事を考えさせられました。

とにかく、そんな大変な思いをして稼いだ8万円が、1ヶ月もった事は一度もありませんでした。必要なかったにもかかわらず、当時は実家に住んでて家賃も食費も親に金など1円も入れてませんから、全てを自分の為だけに使っていました。彼女もいなけりゃおしゃれにも興味がなかったので全てをギャンブルに使っていました。競馬とパチンコとパチスロです。

最短では給料日の夕方には8万円全てなくなった日もありました。その時のグニャグニャした感覚、「あれ？　俺のあの苦しい思いした1ヶ月はなかった事になったの？　コレほんまに俺に起きてる現実なん？」みたいな感覚は今も覚えてます。「もう二度とギャンブルはやらない！」なんて誓うのですが、そんなもの翌月にはすっかり忘れてまた勝負。何度も何度もそんな事を繰り返し、少し賢くなったつもりで次は競馬やパチンコの攻略本を買い出す。高いもので4万円の競馬攻略本を買った事があります。

今、世に出ている攻略本が当たるのか当たらないのかは知りませんが、僕が手にしたものは全くもって当たらなかった。信じられませんでしたね。だって、「絶対儲かる！」って広告に書いてあるんですよ？

その時、浅はかな口説き文句を信じてはいけないし、広告の大きさだけで信じてもいけないなと学びました。

さすがに数万円する攻略本を買うのは3冊で止められましたが、ギャンブルは止めれません。だって勝つ時はあのクソしんどい新聞配達1ヶ月分をわずか1日で稼げるのですから。

だから続けました。「今日は絶対1万円しか使わないでおこう!」そう心に決めて一応財布に3万円入れてパチンコ屋に行き、きっちり3万円負けて帰ります。自分の心の弱さを、嫌という程学びました。

親の金を盗もうとした事もあります。

家の中のだいたいこの辺にはおかんの貴重品が隠してあって、この辺には親父の貴重品が隠してあるというのは子供ならわかるものです。当然と言って良いのか、まずおかんのエリアから手を付けます。2千円だったたか、3千円だったかしかなく、「これは盗んだらアカンやろ」と思いました。そもそも額が少な過ぎてバレます。

で、禁断の親父エリアを物色します。

もう30年以上も昔の事なので、お金があったかどうかは覚えてませんが、今でも忘れられない物を2つ見つけました。

1つは遺書です。

半紙に筆で、「私が○○（病名）になった際には、安楽死させて下さい」というもの。

そしてもう1つは、当時50歳くらいの親父の給与明細です。

こっちが衝撃でした。

具体的な金額をココで書くワケにいきませんが、まぁ安かった。子供の頃から家は決して金持ちではないとわかっていたけど、何不自由なく育った僕は、50いくつの大人の男である親父ならば、この給料明細に書いてある額の3倍は貰っていると思い込んでました。

その時猛烈な感謝の気持ちが僕を襲いました。僕の親父は中卒です。それは親父の世代からしたら珍しい事ではないのですが、時代が進むにつれ高卒が当たり前になり大卒なんて者まで出てきた。要は、学歴社会になってきた。きっと親父は自分が学歴で劣る後輩に抜かされ、悔しい思いを何度もして、それでもなお家族を養う為に毎日満員電車に揺られて仕事に行ってくれてたのか！　と……。

遺書の方は当時はピンときませんでしたが、給与明細が僕に突き刺さりました。もちろんお金を探す事など止めました。

親父の偉大さを学びました。

そうして何百回と自己嫌悪を繰り返すうちに、30歳手前で一念発起しパチンコで負けなくなりました。2年弱パチンコだけで生活しました。これは簡単な事ではありません。良い台

（釘が開いている台）を見抜く眼力を鍛えましたし、自分が根拠を持って良い台と信じられたなら当たり確率3百分の1の台が千回、2千回と回して当たらなくても、動じず信じて打ち続けなければなりません。確率が収束するのを信じて。俺って凄いと思えた、自分ギャンブル史上最も輝ける2年間でした。この頃に、確率は必ず収束するという事と、信念があるならすぐに結果が出ずとも慌ててはならないという事を学びました。

思えばギャンブルからは色んな事を学ばせて貰っています。いや、勝手に学んでいます。もちろん競馬やボートレースを含めるとかなり負けていて年間の負け額など絶対嫁に言えません。

「髪の色暗くなってきたから染めに行きたいけど、A店よりB店の方が30分程遠いけど2千円安いのよねぇ。どうしようかな……?」などと悩んでる嫁の姿を見ると、「ゴメンなぁ！2千円で悩んでくれてありがとう！　俺はその何倍もの額をギャンブルに使ってるよ！　こんな俺に付いてきてくれてありがとう！　必ず幸せにしたるからな！」と心の中で叫び、流れる涙をこっそり拭いたのはつい2週間前の話。そんな気持ちになった事で改めて嫁の事を愛しているんだなぁと学びました。

いつの日か、ボートレースで勝ち続ける事を夢見ています。

「勝つ」と「勝ち続ける」は違います。

「勝ち続ける」という事と農業は似ていると信じてます。

いきなりパッと実がなる事などない。

いきなり幸せになる事などない。

日々の農作業の礎《いしずえ》のもと、実がなる。


ギャンブルを長く続けてボロボロに負けてる今、改めてそんな根本的な事を考えます。

今日10万円という名の種を植えたけど実がならなかった。悔しいから明日20万円を植えてやろう！　そんな考えの博打打ちに、土壌が変わってないのに明日は実がなると信じてるタイプの博打打ちにはなりたくない。

とにかく慌てて「実をならそう」と結果だけを追うのではなく、必死で土壌にも向きあう日々を過ごした者に、「勝手に実がなる」のではないだろうか？

そう思うと結果が出なかった今日を受け入れられる。

それはきっと人生も同じではないでしょうか。

『さぁ3周2マーク回った所で5号艇先頭！　それを追う2号艇、6号艇！　5－2－6の順でゴール！　3連単配当は10万8千円の大穴決着だぁ!!』

「ひーっ、凄いレース！　吉田さん取ったんですか!?」

「当たり前じゃ。こんなレース、ボート勉強しとったらわかるわい。5百万勝ったわい」

「ひーっ、凄い凄い凄い！　おーいみんな！　この吉田の爺ィ、また勝った言うて嘘ついとるぞ！　この爺ィが当たってんの見た事ないわ！　コイツの嫁も白髪だらけのボサボサ頭で、ほんま、こうはなりたくないもんやで！」

なんて日が来ませんように……。

◉体罰

新聞とかニュースなんか見てますと、教師失格の先生多いですね……。いじめを見て見ぬフリとか。有り得ないでしょう。

でも、ちょっと先生方も可哀相な一面ありますよ。もちろんいじめを見て見ぬフリするとか問答無用で駄目な先生もいるのでしょうが、中にはモンスターペアレントの存在がうっとうしくて熱さを出せない先生もいる筈。世間も変ですよ。

　こないだ見た記事では遅刻してきた生徒に正座させただけで「それは体罰ではないのか！」なんて言われてました。

　何も体罰じゃないでしょそんなもん。むしろ絶妙な采配だと思いますね。僕が校長なら誰に何言われてもその正座を指示した先生に「気にすんな。それでええ」って言ってあげる。ただ、それをすると開き直りとか言われてマスコミに叩かれて、世間も「何やそれぐらいかまへん気するけど、あまりに学校が悪いみたいにニュースで言うとるさかいにこれは学校が悪いんやろ」みたいに思い込み「そやそや、そんな学校つぶれてしまえ！」となるんでしょうね。情けな。

　そうなったらさすがに学校が正しい場合でも、「アホらし。わしら別に悪い事してへんけども、そこまで言われて学校つぶれてしもたらわしらもおマンマの食いあげや。もうええ、わかった。ほな波風立たんようにしよ。生徒を立派な大人にしてあげようとか思ってたけど、もう知りまへん。あーコイツ今のままじゃろくな大人になりよらへんなという生徒にも事なかれ主義でいく。かまへんかまへん、こっちは3年間の辛抱や。卒業してから変な大人になっても知りまへ～ん♪」となる気持ちは、悲しいけど理解できてしまう。

　今、先生ホンマに大変でしょうね。生徒と日々会話して、何か問題を見つけようという熱い先生がいてもちょっとミスしたら、やれ今のはセクハラだなんだ言われ、生徒の質も昔と違って、「キモッ!」とかすぐ言うのでしょう。

そんなもんビシッと愛情ビンタしたったら良いと思うのですが、かと言ってそれを「有り」にしてしまうと、それはそれでまたとんでもない暴力教師が出てくるのも現実でしょうね。

難しい問題ですよ。

体罰「無し」にして生徒に気をつかい過ぎると世の中をナメた人間になりそうだし、逆に体罰を「有り」としてしまうと加減がわからない先生がボコボコにしてしまう。

だから、僕はいっその事、硬過ぎずやわらか過ぎずの「体罰棒」なる物を作って、先生に1人1本ずつ持たせたら良いと思う。

どうしても口で言ってわからない生徒には、その体罰棒でなら叩いても良い。しかしその体罰棒にはメーターが付いていて、1発ドツいたら「1」、2発なら「2」と表示され、放課後の職員会議で、本日なぜ体罰棒を使ったのかという説明を、使った先生はしなければならない事にする。

それならば先生もやり過ぎないでしょう。

だって1日でメーターが「１００」とかなってたら、その先生は絶対「どないなっとんねん」と追及される。あと、棒の先に特殊インクを付けててもいい。その棒でドツかれたら1

週間くらいは洗っても取れない液体が付く。

それじゃあ生徒も恥ずかしくて叩かれんの嫌になりますよ。

おでこに緑色のシミを付けて遊びに行くの嫌でしょう。

野球部もどの学校が体罰してるかすぐわかる。試合前ホームベースの横で皆帽子を取って挨拶するが、その時おでこが緑色まみれの選手が多いチームは厳しい学校。

逆に試合終了後、おでこが真緑の選手が監督と泣きながら抱き合ってたら、「あぁ色々あったんやろうけど今こうして絆ができたなら良かったなぁ」と思えて余計に泣ける可能性もある。

ガラス張りの体罰は、互いの抑止力にもなりませんかねぇ。ふざけてる様で案外良いアイデアとも思ってます。

◉正しさ

何が正しいのかわからない事がたくさんあります。例えば僕は雄のポメラニアンを1匹飼っています。名前は大豆といいます。大豆が1歳ぐらいの時やったかな？　去勢させています。元々は結婚前から嫁が飼っていた犬なのですが、嫁と僕が出会って間もない頃大豆が去勢できる年齢になり、去勢の相談を持ちかけられました。

大いに悩みました。子孫を後世に残す事だけが生物の宿命とは思いませんが、それにしてもそれを俺が奪って良いのか。

理想を言えばガンガン雌を紹介してメッチャHをさせてあげたい。しかしそうすると当然子犬がたくさんできて、吉田家だけではとても手に負えなくなる現実がある。

だから数回交尾をさせて、吉田家で面倒見れる数だけでも産ませてあげてから去勢するか？　とも考えました。しかしそれは問題を先延ばしにしただけで、結局大豆の子に対してまた同じ事で悩む筈です。

それに、1回でもHを知ってからの去勢の方が精神的にキツイのではないだろうか。本当に悩みましたが、大豆がいたから嫁は嫁の人格になったのだろうし、また嫁とまだ結婚する前、正直嫁よりも大豆に会いたくて仕事終わりにわざわざ練馬の嫁のマンションまで行き、結果嫁との交際が深まり結婚にまで至りました。今、僕には息子が1人いますが、彼も大豆がいたからこそ生まれたのだと思います。更には僕が大豆の話をテレビなどでして、それを見て笑ってその日の仕事の疲れを少しでも取ってくれるサラリーマンの方がいたなら、あるいは何かの開発者の方が僕の大豆の話をヒントに歴史に残る何かを発明でもしてくれようものなら、子孫こそ残せなくなった大豆ではあるけど、その命には大いに意味があったといえます。しかしそれはあくまで僕側からだけの視点で、実際に大豆はどう思っているかわかりません。これは何が正しいかわからない。

あと、何が正しいかわからないといえば、満員電車なんかで皆様おならをした事はあると思います。きっと、「スーーーッ」という音無しの臭いヤツを。

逆に「アレ？　何か臭い！　ちくしょう！　誰かすかしっ屁しやがった！」と思った事もあるでしょう。

あれもどうなんですかね？　「ブーッ！」と音有りのおならの方が案外臭くなくて迷惑をかけないような気もするのですが、どうも公衆の面前でデカい音有りのおならをする方がマナー違反の気がする。しかし実際臭いのは「絶対にバレたくないっ」とこっそりこいたすかしっ屁。正しいのはどちらなんですかね。

いっそ音有りのデカい屁をこいて、「申し訳ございません！　今屁をこいたのは私であります！　臭い屁をこくよりはマシかと思い、只今の屁となりました。ご迷惑をおかけしました！」と謝るのがいいのですかね。いやいやしかし、何も1通勤1おならとは限らない。同じ人間が2発目こいたらどうなるでしょうか？

ブーッ。

「たびたび申し訳ございません！　またしても私がおならをしてしまいました！　情けない限りです。失礼しました！」

とでも言えば良いのでしょうか？

いやいやしかし、3発目を催してしまう事もある筈です。

ブーッ。

「本っ当に申し訳ありません！　またしても、またしても私やらかしてしまいました。少し食生活の方を見直します！」

何か、車内が笑いに包まれて楽しい通勤電車になりそうな気もしますね。

でも4発目となったら……。

結局そこでそのおっさんもすかしっ屁に逃げるでしょうね。

そうなった時の車内の緊迫感たるや……。

本当、何が正しいのかわからない事が多過ぎますね。

◉選挙権を取り上げろ

選挙権が18歳から与えられましたがこれって良い事なんですかね？

もう決まった事なので今更ですが、何か怖い気もしてます。

というのも、果たして自分が18、19歳の頃、そんなに人を選ぶ様な人間だったかな？　いや、どちらかというとあの頃の自分は間違っていた事の方が多いのでは？　という気持ちが強いですもの。

例えば当時の僕は、金持ちに妬《ねた》みしかなかった。今この歳になってこそ、金持ちには金持ちになった努力、それこそ想像を絶する努力があったんだろうなと思うし、また、そりゃあそんな態度や考え方では成功しないよなぁ、という人がいるのも知ってる。そして、目一杯頑張ったけど運なのか裏切りなのか、あと一歩何かが足りなかったのかわからないけど、どうしても成功できなかった真面目な人もいるというのもわかる。

でもとにかく当時の僕にそんな想像力はカケラも無かったですから、選挙権があれば金持ちが困るだけの政策を打ち出した政治家に1票入れていたと思う。

ただ実際そうなったら困るというのは、今ある程度大人になってからわかりました。

色々社会経験を積んだからこそ、金持ちになれるチャンスがあった上で金はいらんという生き方を選ぶのも良いし、金持ちが存在するからこそ、自分も金持ちになる為により頑張るんだ！　という人もいる。

だから金持ちを引きずり下ろす為だけの政策が悪いと言い切るのはココでは難しいけど、18歳の頃の僕に深く考えて判断できたかというときっと無理でしたね。

もっと言うなら、だいたいがエロい事ばかり考えてました。

真剣に遠い遠い存在のAV嬢に恋してましたし、一度でも僕と会ってくれれば絶対にそのAV嬢は俺を好きになってくれる筈という信じがたい、いやむしろ恐ろしいと言っていい自信を持っていました。

もしそのAV嬢が選挙に出馬していれば、「消費税はセクシーに、私の好きな69、69%よん?」と言われても「おもろいやないか! まぁなんとかなるやろ!」と1票入れていたに違いない。

まぁ僕がバカ過ぎただけでしょうが、選挙権の年齢を下げるというのは、そういう安易な一票が入るリスクを伴うでしょうね。

しかし一方で、選挙権を18歳から与えると若者が、学生が、より政治に興味を持つという意見もあります。

まぁ一理ある。

しかし、多感な年頃ですから学校の教師の意見に大いに左右されます。教師ともなれば、自分が支持する政党や政治家はいるでしょう。どうしてもそっちを支持させる方の授業にならないかという不安があります。

教師有利の、公務員有利の政策の政党を支持さすようにしないのか？　という不安。怖いですよこれは。ＰＴＡの会長が大企業のエライさんならば、その企業が有利になる政策の政党を一押しする授業展開も無いとは言えない。だから政治、社会の授業は超一流のエキスパートがやらなきゃならない。

ひょっとしたらその授業だけは録画してＤＶＤにして持ち帰って、各々の親が、教師がどこかの政党に肩入れしていないかチェックしなければならないのかなとも思う。

なんか面倒臭そうやし窮屈な感じもしますね。でもやっぱ30代20代、若くなるに従って選挙に行かないから、各政党年寄り向けの政策に偏る現実もある。そりゃあそうですよね、票が入る方に合わせせんと政治家は政治家でいられませんから。

ましてや今後ますます高齢化社会で年寄りと若者の数のバランスも悪くなりますからね。しかしやっぱりちょっと怖い。

そこで大胆な案があります。

「選挙権の年齢引き下げはせず、逆に76歳以上の方から選挙権を取り上げる」というのはどうでしょう？

まぁこんなの言い出す政治家がいたら大問題になるでしょうね。

でも案外良いと思いますよ。

ごっそり高齢者票が無くなるのですから、選挙公約も今程お年寄り向けにはならない。お父さんが素晴らしかったからという理由だけで通ってしまう様な二世議員も減るでしょう。そして町でのお年寄りと子供の会話も今とは比べもんにならんくらい増える筈。お年寄りからしたら選挙権が無いワケですから、まだ若者が子供のうちからガンガン話しかけて自分たちの存在をアピールしておかなければならない。自分の孫だけじゃなく町内の子供や中高生にも話しかけずにはいられないだろう。そしてそれは中高生にとっても良い事。親や友達に相談できない様な事も他人のお年寄りになら話しやすい。だいたいが「元気か？」とか声をかけてもらうだけで精神的にも良い。

昭和の頃の様に自分の家の前にイスを置いて日なたぼっこをする老人も増える。という事は、ひいては町内の防犯にも繋がる。

更に、声かけでは弱いなとお年寄りが感じれば若者へのプレゼント攻撃にうってでる。そうなればガッポリ貯め込んだお金を使う事になるから経済も回る。何せ今の景気が悪い理由の1つに、お年寄りが貯め込んだお金を使わないというのもあるのだ。

更に更に、若者にプレゼントを買うからには、今若者の間で何が流行っているかを知る為に色々と調べるだろう。そうして若者文化に触れる刺激でボケ防止にもなる。

そうなってくると町内のお年寄りに今度は若者が恩を感じだし、いつかそのお世話になったお年寄りが寝たきりになった時、少しでも自分に何かできる事はないか考える。間違いなく今後日本は慢性的な介護士不足になるだろうから、ご近所さんのサポートがあれば大分助かる筈だ。

あぁ何という事でしょう。

良い事ばかりじゃないですか！

会社には定年退職というのがあります。若い者に託すのです。

それは国にしても同じではないでしょうか。

◉あそこの名前

ちょっとどこの国だったか忘れましたが、ある国では多くの男性が自分のチンチンに名前を付けているそうです。

「ヘラクレス」とか、何か強そうなのが多いようです。

そりゃそうですよね。同じ付けるなら強そうな名前の方が良い。

俺ならどんな名前を付けるか。

やはり強そうなのが良いので「ゼウス」とか思いつきがちだが、それはあまりに大げさ過ぎる。かと言って「エンジェル」は幼過ぎる。「ポセイドン」も悪くないが背負いきれない。

「カブト虫」はどうか？　いやいやそれはあまりにリアル過ぎるし、小さくて硬い感じがするだけなので期待感に乏しい。

「ダイナマイト」は細長過ぎるし「ボンバー」じゃ丸っこ過ぎる。

ちょっと待ってくれ。意外に難しい。

「クレイジーバナナ」ちょっとダサイ。

「センターマイク」漫才師としてそれは付けてはならない。

冷静になろう。そもそもチンチンとはどういうものか？

例えば素敵な女性とそういう関係になれば幸福感は確かにある。しかし何かを間違えるとトラブルにもなる時がある。チンチンがあるから良い事も悪い事も起こる。どっちに転ぶかわからないが確実に人生というゲームを面白くする。よし、決めた。

俺は自分のチンチンを「ジョーカー」と名付けよう。

◉TSUTAYA暮らし

時々無性に、どこまでもダラダラした暮らしに憧れる時があります。

TSUTAYAなんかに行くと、2年くらいここにベッド置いて見たい映画や漫画を見まくり、ゲームをするだけの暮らしをしてみたいな、と思いますね。

楽しそ～♪

2年楽しめるくらいのDVDや漫画、ゲームはあるでしょう。2年じゃきかないかも。

家族はあまり離れると寂しいからTSUTAYAから徒歩3分の所に住んでもらい、俺が会いたい時だけ行く。メシは全て出前でも良いです。夢ですね。絶対ノンストレスな2年間を過ごせると思うのです。

やばいやばい、憧れが止まらなくなってきた。しかししかし、その憧れは手に入りそうにない。そもそもそういう暮らしに飛び込む勇気もない。にもかかわらずですね、一度はそういう暮らしをしたいと思ってしまったからには、今まで当たり前だった日常がことさら辛くなってくるのもまた人間。

　恋もそう。

　今まで満員電車イヤだな、たまには座って通勤したいなぁというストレスしか無かった所に、ある日たまたま同じ電車に凄くタイプの人が乗ってきたとする。翌日からパタリとその人は見かけない。

「あの人どうしたのかな？　引っ越したのかな？　なぜ会えない？」

　辛い辛い辛い。辛い。

　あの人さえ突然あの日私の前に現れなければ、私は何も感じず、ただ日常のストレスだけを耐えて生きていけば良かった。しかし、ああ、なまじっかあの人が現れたばかりに、満員電車のストレスにもう一つ「会いたい」というストレスまで加わった。それどころか、少しだけあきらめもついてきた満員電車の中での中年男との密着が、いつも以上にうっとうしい。

「やめて。私が触れてほしいのはあなたじゃないの。あの人よ何処《どこ》へ……」

っていう具合の、そんな感じの恋をしてしまった時と同じですよ。余計辛い。

　今の僕は「TSUTAYAに2年住む」に恋してる。だから、辛い。

　ここは一つ「必殺！　好きな相手の嫌いな所を考えてみる」をやってみよう。

相手のことを嫌いになってさえしまえば、もう苦しまなくて済むから。目一杯嫌いになる努力をしてそれでもまだ好きな気持ちが消えなければ、先の満員電車の例ならば探してでも告白すれば良いし、今日の僕の場合はTSUTAYAに住んだら良い。家賃どうこうは後で考えれば良い話であって、まずは自分の想いが本物かどうかの確認が大切。

少しリアルにTSUTAYAにダラダラ2年住むという事を考えてみよう。

まず、ソファなどを持ち込みDVDを見る。「スター・ウォーズ」シリーズは1作も見ていないのでそれだけで2日楽しめる。メシは出前で充分。

楽しいなぁ♪

次はアル・パチーノとロバート・デ・ニーロと堺雅人と阿部寛のドラマと映画を全部見よう。1週間は楽しめる。

楽しいなぁ♪　ダラダラとノンプレッシャーで眠くて眠くて仕方なくなるまでDVDを見てられるし、寝たら寝たでもう起きたくて仕方なくなるまで寝られるもんね。でもちょっとだけ、DVDの入れ替えとトイレに行くのが面倒臭くなってきたなぁ。まぁそれぐらいガンバレ俺！　明日からは漫画を読もう。そういえば『キングダム』も読んでないし、ボートレース好きなのに『モンキーターン』も読んでない。『北斗の拳』も読み直そうかな。

楽しいなぁ♪

しかし、ホンマに、トイレに行くのが心底面倒臭くなってきた。便器がコッチにこないかな？ タハハ。それは無理。ワガママというもの。

しかしオムツ、大人用の紙オムツは一考の余地がある。おしっこに行く回数だけでもグッと減るだろう。買いに行くとするかな、超面倒臭いけど。よし、ここは一つ、薬局まで行くテンションを高める為に『ロッキー』のDVDでも見るとするか！

あー、何という事でしょう。結局『ロッキー』を全シリーズ見てしまった……。もう夜中だ。紙オムツを買いに行こうにも薬局は閉まっている。あっ、ドンキがある！ 少し遠いが深夜のドンキなら大人のおもちゃを物欲しそうにしている酔った女と出会わないか？ 可能性は低いがロッキーだって逆境をはね返したではないか！ 行くしかない！ ドンキがこのTSUTAYAの下にあったらなと一瞬思うが、それはワガママというもの。やるなら今しかねぇ！

ドンキで2時間程そんな女を張ったが現れなかった。よって明け方の帰T。エロ女こそ現れなかったが手ブラじゃない。そう。紙オムツはきちんと買ってきた！ やったよ俺は！

昔からやればできる子と言われてきた。本当は『ロッキー』最終章まで見た後「ルーキーズ」でも見たかったがその誘惑を断ち、俺は頑張った！　あぁ打ち上がりたい。酒が飲みたい！

ドンキにエロ女はいなかったが俺には嫁も子供も犬もいた。あいつらに祝って欲しい。純愛。徒歩3分の所に住んでいるが、さすがに今から行く体力は無い。これは仕方が無い。

「来い」と電話。出ない。何度も電話。嫁の浮気？　まさか。留守電を残す。

「聞いたら来い」

3時間後に嫁は来た。正直嬉しかったが怒りもある。せっかく頑張った1日がお前のおかげでイライラして終わったんやで？

でもまぁわざわざ来たという事で良しとしたいが何やら嫁の様子がおかしい。この3時間の間に酒のせいもあって出た大量のおしっこでパンパンに膨らんだ俺のオムツにあきれた様な眼差し。

バカか、お前は？　嫁ならば察しろ。せめて俺をわかろうと努力しろ。俺のロッキーな一面を探せ、辛い時間もあったけど頑張って見たし感動しただけで終わらさず夜中にドンキにまで行ったんや。

なぜ尊敬しない？　クソが。

あれ以来、もう嫁とは連絡が取れていない。あいつは今頃何をしているのか？　恋愛系の映画かドラマでも見てみるか。ちょい泣きたい。そう言えば「冬のソナタ」を見ていない。10巻もあるやん……。面倒臭い。だいたいあれほど人気が出たという事は、色々あってもハッピーエンドなんやろ？　そうじゃなかったとしても、まぁ俺には関係がないわ。どうでもいい。

かなりすさんできた。あれ程どっぷり浸かりたかった映画やドラマの世界に、浸かれば浸かるほどのぼせてきた。ボーっとする。この気持ちをわかって欲しくてSNSに投稿した。

「わかるやんなぁ？」

何の反応もなかった事が悔しくて、俺はおチンチンの写真を載せた。この期に及んで少しでも俺のおチンチンが格好良く写るようにして。

炎上した。

俺よりのぼせてないだけの奴らが俺を攻める。俺よりグロッキーな奴が最後の力を振り絞ってまで俺を攻める。
しかし、1%くらいは「ガンバレ」という言葉があった。
嬉しかった。刺さった。こんな当たり前の言葉が。
明日荷物をまとめてTSUTAYAを出よう。

成功した。
「必殺！　好きな相手の嫌いな所を考えてみる」が成功した。
TSUTAYAは凄いが、住みたくはなくなった。

◉正月休み

もうデビューして3年後くらいからずっと、大晦日は仕事だった。で、数年前の大晦日の夕方から1月3日まで、ついにお正月休みをいただいた。完全歩合制でやってますから休めば休む程収入はゼロに近づくワケなので難しいところですが、当時はそれがありがたかった。

俺は自分の仕事好きですけど、休みもあってこそのハッピーライフやと思っているので。

でもまぁ俺は休みの使い方が下手です。

「今俺はきちんと休めているのか？」ばかり気になる。

その時の３連休もそう。

まず大晦日の夜に家に居られるのは20年ぶりとか。超若手の時から大晦日となれば各地で年越しイベントがあったりで、大晦日に休んでるのはホンマにヤバイ若手だけだったので、とにかく20年ぶりとかの年越し休みを満喫したかった。

信じられない感覚でしたね。酒飲みながら紅白だ格闘技だを見られるんですから。

その年はＴＢＳとフジで格闘技やってた。フジの格闘技はフル録画で後で見るとしてＴＢＳの「魔裟斗vs山本ＫＩＤ」を軸に紅白とパチパチ交互見。

この辺でプレッシャーが出てきました。

「大切なシーンはどちらも見逃したくない」

「『魔裟斗vs山本ＫＩＤ』の試合中、いい所で嫁が話しかけてきたらどうしよう？」

「子供はよ寝てくれや！」

もうね、全然楽しめませんでしたよ。

「魔裟斗vs山本ＫＩＤ」のいい所で、じっくり見たかった紅白にＸ－ＪＡＰＡＮの順番が回ってきた時は「何でこのタイミングやねん！　こっちは20年ぶりに大晦日家に居てんねんぞ！」と、むしろ発狂しそうなくらいイライラしました。

そして嫁も子供も寝静まり、フル録画を存分に楽しんでやろうではないかと、意気揚々と再生ボタンを押すも、いかんせん久々のゆっくり大晦日ですから酒をハイピッチで飲んでいた為、ガンガン酒が回りだしてくる。

どれも熱い試合ばかりなのだが俺はもう泥酔していて、心のどこかでずっと「もったいないもったいない。もっと頭がちゃんとした状態で見たかった。一回寝ようか？　でもそんな事したら翌朝スポーツ新聞で結果を知ってしまう。やはり格闘技は結果を知らない状態で見たい。何せ超久々の大晦日在宅なのだから」という思いに囚われこれまた心底楽しめてない。

少ないながらも「あけおめ」メールもチョコチョコ来る。後輩からの「あけおめ」メールなど2月になってから返しても良いぐらいだが、中にはプロデューサーや昔大変お世話になったディレクターからも来たりして、試合を一時停止にしてメールの文言を考えたり……。

そうこうしてるうちに1月1日の早朝になり、そこから寝て起きたら2日の夕方……。

1月4日はお昼の生放送があるから、何とか3日は朝方起きてリズムを作らねばならない。連休最終日はもう翌日の仕事の事を思うから実質全休では無い。ノビノビ過ごせるのは夕方まで。ならば絶対に3日は午前中に起きたい。しかし2日は夕方まで寝てしまっている。眠気が来たのは案の定3日の早朝。ココでベッドに入ると絶対に3日の夕方まで寝てしまう。だから、普段そんな事しないのにソファで仮眠。仮眠て！　せっかくの正月休みに仮眠とかしてしまう己の計画力の無さに吐く。仕事の日よりも苦しい思いをして何とか3日の午前中に起きる。まさかの睡眠不足で何かずっと眠くてしんどい。正月休み前より家族と距離ができた気がする。

情けないなぁ本当に。

時々俺は言われます。

「いつ幸せなん？」

いつも幸せそうやなぁ！　という華のある言葉の真逆でしょう。

でもね、「いつ幸せなん？」と聞かれた時、どこかまんざらでもない気分の俺もまたいるのが不思議なものです。

◉箱根駅伝に新ルールを

やっぱ感動しますね。まず沿道で応援してる方々。当然ひいきにしてる大学や選手は各々いるでしょうけど、基本的に全ランナーに旗振って声援を送ってる。声援は力になる。力をランナーに送り、ランナーからまた力を貰って己の仕事を頑張る。いいですよねぇ。そして当然、選手達。この日の為に日々厳しい練習をこなしてきた。その上で「俺がやれるだけの事はやった。後は頼む！」とタスキを次のランナーに渡す。渡されたランナーは皆の想いを肩にかけ、走る。このタスキを、また次のランナーに渡したい！　途中、皆の想いとか忘れて自分対自分になる瞬間もあるでしょう。どこかで皆の為やし、どこかで自分対自分。

駅伝って素晴らしいと思う。

しかしですな、タイムリミットか知らんけど、ある規定時間に間に合わなかったらタスキとか関係なく一斉スタートの時あるでしょう？　あれはどうなんですか？

確かに箱根駅伝などは公道を使うわけですから、どこかにタイムリミットを設けないといけない。しかし、何か、何かさみしくないですか？

タスキを受け取れなかったランナー達がまた改めてよーいドンで走り出す。

理想はね、制限時間など決めずに「待ったれよ」ですよね。でもそれは先の道路の事情などによって無理。じゃあその大学は失格にしてしまっても良いと思うけど、タスキを受け取れなかったランナーの事を想うと絶対走らせてあげたい。

折衷案で今のルールなんでしょうね。

でも、それは果たして本当に折衷案なんですかね。もっとあると思います。

例えば、どうやら時間内にタスキを渡せそうにない選手は、次のランナーに1本電話を入れるとかはどうでしょう。

「ハアハァ、悪い。ごめん、間に合わん。お前だけでも意地見せたってくれ」

「わかった。今から走る。お前らと練習した4年があったから走れる。ありがとう、行ってくるわ!」

みたいなやり取りも出てきてメッチャ感動すると思うなぁ。

別に「遅いでお前! でもお疲れさん」みたいな電話でもいいですやん。もっと言うなら、

「じゃぁ20時白木屋で! 飲みながら説教な!」みたいな電話でもいい。

でも俺おっさんなんかな。LINEでの報告は、泣けないのでやめて欲しいですけどね。

◉高画質テレビ

4Kとか8Kとか、やめてくれやと思いますね。今以上鮮明に見たいのかな、みんなは。

よく言われてる事やけど時代劇とかは見てられなくなるでしょうね。ヅラとの境目が見え過ぎる。肉眼より見えるやろ。だいたい生で見る景色は何Kやねん。

ブラウン管の時くらいで全然えーやん。

肌ブツブツの奴が可哀想や。

それならもっと本格的な３Ｄを出して欲しいなぁ。

今みたいにメガネして正面から飛び出てくる様なんじゃなくて。わかりやすく言えばコタツの上に新聞紙を敷く感じでテレビを仰向けに置く。そこからボワーッと浮き出てくる感じの３Ｄ。画像なんか多少粗くてもいい。

サッカー中継とか面白いよ。バレーボールなんかもまるでミニスタジアムに居るかの様に見れる。

ＡＶなんか最高ですね。目の前で、小さいとはいえ男女のＨ行為が行われているんやから。画像がきれいとか汚いとかはだいたいでえー。

心を打つかどうか。

生で見る満天の星や夏の花火の美しさはテレビじゃ伝えきれないだろう。４Ｋや８Ｋになっても。

ホンマ……何よりブツブツとかある奴が可哀想や。

◉不倫と浮気は別物論

「既婚タレントが不倫をしていた」なんてニュースは昔からあります。タレントに限らず、サラリーマンや企業の偉いさんやスポーツ選手にも不倫している人は山程いるでしょう。しかしまぁ浮気ならまだしも、なぜ不倫なんかするのかなぁと思いますね。え？ 不倫も一緒じゃないかって？ いえいえ、男にとって浮気と不倫は全然違う。浮気はチョコッと遊んだだけ。浮「気」と書くのはおかしいと僕は色んな所で言っています。

浮ついたのはチンポだけ。「浮チンポ」なんです。

腸はよく、「第2の脳」といわれます。それは腸内で合成される神経伝達物質が、我々の意欲や幸福感や充実感に大きな影響を与えているらしいからだそうです。腸を第2の脳とはよくいったものです。

ではチンポは？ 第3の脳？

違います。

僕はチンポは「脳のライバル」だと思います。戦闘態勢になって欲しい時にならない事もあるし、その逆もあります。

仕事終わりにモンモンときてても脳が勝っておネエちゃんのいる店に行かず、まっすぐ家に帰れた時は脳の勝ち。

逆に家で宿題を一刻も早く片付けなきゃいけないのに、モンモンときて貴重な時間をＡＶ観賞に使ってしまった時はチンポの勝ち。

支配したりされたりです。

それこそ千勝千敗ぐらいじゃないでしょうか。これはもう、永遠のライバル関係といえます。そして、何より重要な事は、「浮チンポ」（俗にいう浮気）しても、脳は妻や彼女を想っているという事です。つまり、脳は妻を愛しながらもチンポという永遠のライバルに、今回は負けてしまったというだけなのです。

これは果たしてそこまで責められる事でしょうか？　もちろんそれで悲しむ人間がいたなら責められても仕方ないのでしょうが、脳はチンポとチンポは脳と、切磋《せっさ》琢磨《たくま》しながら主である俺自身を、あるいは貴方自身を、すなわち1人の男性を高めていくのは間違いなく事実であるワケですから、情状酌量の余地は多分にあって良いと考えます。

しかし、不倫となると話は別です。

「愛人」というものに脳もチンポも負けている。

これは駄目。世の奥様方が俺のこのコラムを見て大きくうなずいている様が目に浮かびます。

まかせて下さい。

だいたいね、「愛人」という言葉がおかしい。そんな言葉のおかげで「愛する人と書いて愛人じゃん、だからあの人が本当に愛してるのは奥さんじゃなく私なの」と言い出す女が現れるのです。

これ、まず名前変えませんか？

「ハートとチンポをペロペロ係」とか。

だってそうでしょう。「妻」と「愛人」じゃ互角感がある。昔の「正室」と「側室」の方がよっぽど差を感じる。確かに戦う男なら、長い人生で妻以外に恋してしまう瞬間もあるのかも知れない。こればかりは俺には無いと思うが、いかんせんまだまだ四十過ぎの弱輩者でありますから生涯嫁を愛すると誓っていても、ほんの一瞬、他の女性に心まで奪われてしまう期間が無いとは言い切れない。しかし、それでも、その時の女性に「愛人」という称号は与えたくない。

「ハートとチンポをペロペロ係」なんです。愛し合うという事は必然的にケンカとかをしてしまう機会も出てくる。でも、僕は嫁以外の女性とケンカなどしたくない。たまにでも、本気でかわさなければいけない様なインコースを攻めてくるバッティングセンターなんか行きたくないでしょう？　それと同じ。気持ち良く打ち返せるコースとスピードの球をポンポン20球くらい投げてくれて、スッと自ら電源が切れてくれるくらいがいい。

しかし、不倫を続ける男というのは本来家に入れるべき金をバッティングセンターに費やし、そこを主戦場とする。

全く、信じられませんね。

そうです、浮気はバッティングセンターに行くだけ。不倫は、契約してる球団があるのに他球団のユニフォームを着て試合に出る様なもの。それくらい違う。

ですよねぇ？　男性諸君。

◉花見

桜って良いですよね。綺麗。日本人に愛されるのは大納得で、僕も大好きです。

でも「お花見」は大嫌いです。夜、場所取りをしてまで公園に集まってワイワイと酒を飲む……。

何が楽しいのかなと思う。確かに桜は春の訪れを知らせてくれるイメージですが、桜満開の時期の夜はまだまだ寒いって。芯から冷える。それも酒飲んだら寒さを忘れて楽しんでしまうんですよね？　それ、はっきり言って一番風邪ひくパターンですよ。

もう、本当に寒い。

みんな桜の木の根っこの部分にコンセントあったら電気ストーブのコード差して酒飲んでると思う。

何の風情もない状態、上等。もっと言うなら桜の枝折って焚火でもしたろかと思うくらい寒い。

つまみにと買ってきた焼き鳥はすぐに冷えてカチカチになり、震えるアゴで無理矢理それを嚙み、薄れゆく意識の中、元は取り返そうと必死で桜を凝視して「今年度こそは頑張る」と心に誓い、熱い気持ちになる。いやいや、熱い気持ちになんか暖かい部屋で酒飲みながら「情熱大陸」でも見てたらなれますって。

だいたい公衆便所も汚いでしょう。メッチャ並んでるし。

かの有名な「マズローの欲求段階説」によると、人間にとって排泄とは一番最初にくる欲求なんだそうです。「生理的欲求」の一つ。その上に「安全」の欲求があってその一番上に「自己実現」とかがあって「他者の幸せ」とかになってくる。要するに、今の日本人なら、っていうか普通に健康な人間であるならば絶対すんなり排泄はできるべき事なんです。一々言いたくない、こんな事。

それなのに寒い中ガタガタと震えながら「おしっこがしたい。早く私の番回ってこないかな」などという気持ちに支配される。「今年度こそは！」と誓った気持ちはどこへやらです。

とにかく、とにかく寒い。

俺は一生、夜に桜を見ながら酒を飲むなんて事はしません。もしもするとしたら、スキーウエア着るぐらいのメチャクチャ厚着して大人用のオムツして行きますね。

桜は確かに美しく、なくてはならない物に違いない。

でも僕なら本当に暖かくなって多くの桜が散った頃、ガラガラになった公園で少し皆より遅く狂い咲きした桜を一つ見ながら、「おう、お前今頃何やねん。もうみんな咲き終わって散ったぞ。でも偉いなぁ完走して。力をもらった、ありがとう」と言いながら一人でお酒飲みたいですね。

◉インタビュー：ブラックマヨネーズ吉田敬
（聞き手・俺）

――本日はお忙しい中ありがとうございます。
吉田　あんたも忙しいでしょう（笑）。
――でもどうですか？　10年前の忙しさと今の忙しさはまた違うのでは？
吉田　違いますね。あの頃は正に無我夢中で、戴いた仕事はほぼ全てやってたと思う。１日３つ４つの番組収録は当たり前で、１週間に10回とか新幹線に乗ったりもしてた。
――２００７年ぐらいですか？
吉田　やったかなぁ。Ｍ－１チャンピオンになったのは05年やけど何気に関西ではもうかなり仕事あったから、実際は04年から10年くらいまでは会社の仕事の入れ方も容赦なかったと思う。
――容赦なかった？　まるでやりたくもない事をやらされてるみたいにおっしゃいますが、貴方が望んで入られた世界では？　今の発言には不快感を覚えてしまいます。具体的に何連勤とかされてたのでしょう？
吉田　２４０連勤とかありました。

――それは容赦がない（一同爆笑）。

吉田　1日休んで翌日からまた80連勤。その年は1年で休日が3日でした。

――ちょっと想像できません。休みをくれとは言えないものなのでしょうか？

吉田　言えない。もしそんな事言ってコイツやる気が無いと思われたら全て無くなってしまうんじゃないかという……。

――怖さもあったと。

吉田　イエス。だから怪我でもしたらいい感じで休めるかなと思って、山奥に1人で住む自称仙人でヌンチャクの達人というおじいさんの所へロケに行った時にね、

――ヌンチャクってあのヌンチャク？　カンフー映画なんかに出てくる!?

吉田　他にどんなヌンチャクがあるんや？　話が面白くなりそうやからってテンション高くなり過ぎの相づちはやめろ。そういう相づちで喜ぶのは女だけだ。

――す、すいません。そしてそのヌンチャクの達人の所へロケに行って……。

吉田　凄く下手なんですよ、その達人。狙った所に当てられない。

――なのに達人を名乗っている。いわゆる少し変わったおじいちゃん？

吉田　そうそう。だからロケはそっちの面白さ。ずっとできてませんやん！　っていう。

――わかります。

吉田　でもその自称達人のおじいちゃんはマジやから、おもろなってしまってんのが嫌やったのか、俺か小杉どちらかの手の平の上に木の実を載せろ。それをワシがヌンチャクで打ち抜いたると言いだした。

――ええっ!?　ちなみにそのヌンチャクというのは本物……？

吉田　何をもって本物というのかは俺はカンフー経験者じゃないからわからない。ただ、メチャクチャに固かったからそういう意味では本物と言える。打ち抜かれると間違いなく骨折する。

――はぁはぁはぁ、それで？

吉田　ぜひとも俺はやってくれと言った。俺が手の平の上にくるみ大の木の実載せるから打ち抜いてみて下さいと。

――いやいやいや、「やるかぁ！」とツッコめば良いだけでは？

吉田　その通り。ただ、俺はこれで骨折したら休めるかなぁと思ってしまった。

――馬鹿か。

吉田　俺は痛いのはイヤだという気持ちと骨折したら休めるという相反する2つの思いの渦の真ん中にいた。

――喩《たと》えてみろ。

吉田　喩えるなら両親が離婚するのはイヤだが、もし離婚して俺が母方についたならどうやら母にはすでに男がいて、どうやらその男には俺の２コ下の美しい娘がいる。といった所か。

――つまり親の離婚はイヤだが、もし離婚して貴方が母方についた場合、美人の義理の妹ができるという事か？

吉田　そうだ。もちろん一つ屋根の下で暮らす事になる。

――不謹慎な喩えだ。

吉田　わかりにくいか？

――めちゃくちゃわかりやすい。

吉田　とにかく俺はそんな薄汚れた気持ちで手に木の実を載せて差し出した。おじいさんはヌンチャクをクルクル回して脇の下に一旦挟んでみたりとカンフー映画でよくあるヌンチャクアクションを長々とくり広げてから、いよいよヌンチャクを思いっ切り振り抜いた。

――で!?

吉田　見事にヌンチャクはクルミ大の木の実だけを打ち抜いた。

――おおっ!!

吉田　俺も小杉もカメラマンやスタッフも皆がおおっ!!　となった。

――それはそうなる。そしてそのおじいさんもただただ変なおじいさんになるのではなく、やる時はやるという達人感が出る！

吉田　結果素晴らしいＶＴＲとなり、

――また仕事が増える、と。

吉田　本当にありがたい事なのだが、俺は週に1度、2週間先までのスケジュールが書かれた紙を貰うのですけど、それがビッチリ真っ黒なのを見ると喜びと同時に「俺はいつ寝るんや！」という怒りにも近い感情が確かにあった。

――喩えろ。

吉田　貴方は焦《じ》らされるプレイは好きか？

――大好きです。

吉田　焦らされ過ぎたらどうだ？

――どれくらいですか？

吉田　乳首を舐めてもらえそうで舐めてもらえない、乳輪ばかりを3時間攻められたら？

――ブチ切れる。5分でもキレる。しかしその喩えは合っているのか……。持ち帰らせて欲しい。

吉田　とにかくどんな好きな事にも限度というものがある。

――確かにそうですね。では吉田さんはひたすらその状態を耐え続けていた？

吉田　耐えたと言うと偉そうやけど、売れない時代も長かったからありがたいな、しんどいなの繰り返しでやっていた。しかし体と心が自然におかしくなっていった。
――どういう風に？
吉田　大阪に家があった時は六本木のアイビスというホテルに年間百泊ぐらいしていたのだが、とにかく大阪から東京へ向かう新幹線に乗ると必ず下痢になった。
――プレッシャー？
吉田　多分……。だから少しでも楽な考え方をしようと、東京でダメでも俺らには大阪があるから別に失敗しても良いじゃないかと自分に言い聞かせた。
――おい！　今のは関西人として聞き捨てならない。関西ナメとんのかコラ！　関西を何やと思っとるんじゃワレコラァ!!
吉田　話を最後まで聞け。故郷です。当然。聞いてくれよ。東京でダメでも関西がある、と思い込もうとした時に気付いたんや。いやいやいや、何で俺は絶対あると思ったんや？　考えたら俺らごときを育ててくれたのは関西や。そこで改めて、関西への感謝の気持ちと、関西の番組の面白さに気付く事になった。
――気付くのが遅い……。
吉田　それは確かに。

――で、関西の凄さと大切さに改めて気付いてどうなった？
吉田　新幹線、往復で下痢になった。
――馬鹿か！
吉田　あとは左手が痺れたり耳の調子が悪くなったり……。
――それは危ないのではないか？
吉田　だからその頃からマネージャーに仕事あるのは嬉しいけどこのままじゃ死ぬ。金も安過ぎる。俺はいつ報われる？　楽して稼げるのが芸能界と思っていたのは俺の甘さだが、それにしても吉本は酷すぎる。だのをメチャクチャ言うようになった。
――あ〜あ……。それで何か変わった？
吉田　マネージャーが俺と一緒にタクシーに乗らなくなった。
――当たり前ですっ！
吉田　今思うと申し訳ない。彼はただ仕事がメチャクチャできる男だっただけやのに。
――まぁそういう経験もされての今なのでしょうけど、今はベストですか？
吉田　情けない事に自分ではわからない。当時と比べると良い環境でやらせてもらってるけど、もっと自分の時間が欲しいとも思うし仕事が戴けるならもっとギチギチにやるべきなんかなと思う時もある。わからない。

――そういうものなんですね。では最後に今後の目標は？
吉田　んー。あいつは今こうやから不幸せや、とか思われるでもなく、俺はこれだけの物を手に入れたんやから幸せですよね？　そうでしょ、幸せですよね？　と他人に問うて確かめるでもなく、自分の幸せぐらい自分で決めれるようになりたいなぁとは思いますけどね。
――うわぁ凄いなぁ。僕も全く同じ事を思っていました！
吉田　当たり前や！（一同爆笑）

◉大人と子供

「大人」とはよく言いますが、一体何をもって「大人」なのか。そして「子供」というのは何をもってして「子供」と言うのか……。

たまにこういう事を聞いてくる子供がいます。

「大人は僕達には早く寝なさいと言うくせに、なぜ自分達は遅くまで起きているの？」

実際自分のお子様に聞かれた方もいるでしょう。でもこれは困った質問ですよね……。スジで言うなら「その通り！」ですもんね。

返答に困って「そんな事考えずに、いいから早く寝なさい!」と言ってやみくもに電気を消して終わらせてしまった鬼親の方もいるはずです。子供はきっと、そのあまりの不条理さに枕を涙で濡らしています。やがてその子が思春期になった頃には暴走族です。その頃になって注意しても遅いです。

「テメェは昔から何でもかんでも押しつけてくんじゃねぇよ!」

と言われて我が子の部屋は不良達の巣窟となり、月見バーガーを子供の友達の分まで買いに行かされる人生となるでしょう。

それは避けたい。何としても避けなければならない。

では我が子に「なぜ子供には早く寝ろと言うくせに自分達は起きてるの?」と聞かれたら何と答えれば良いのか。

「それは子供の内は寝てる間に成長ホルモンがたくさん出るからだよ。だから子供は大きくなる為にたくさん寝なさい」

という返答が良いような気がします。

しかし、もし既に我が子が同学年の周りの子供より大きい場合はあまりピンと来ないでしょうし、万が一「じゃあパパやママも阿部寛や天海祐希と比べて身長が低いから、子供の時あまり寝てなかったという事だよね? 己《おのれ》が子供の頃できなかった事を棚に上げて僕には押しつけてくるんだね？　パパ、ママ、それは何だか寂しいよ……」

と言われたら返す言葉がありません。

だいたい成長ホルモンうんぬん言ってる大人が、そこまでリアルに成長ホルモンについて考えているでしょうか？

今日、後2時間程子供が起きてた所であまり変わらんやろうと思っているはずです。むしろ、今夜たった一晩くらい夜更ししても成長には全く関係ないとまで思っている。それはすなわち子供に嘘をついている事となり、将来子供がマルチ商法にハマる可能性あり。

「アナタ、そんな人様を騙すような事はやめなさい」と言っても、「俺はテメェ達に散々嘘つかれて育ってきたから仕方ねぇだろ！」と言われて子供の部屋に大量に積まれたマルチ商法用の、どこのメーカーだかわからない鍋を見て、ため息をつく人生となるでしょう。

でも、それでもやっぱり子供には、特に我が子とあらば尚更少しでも寝て欲しい。そして翌日万全の体調で小学校なり幼稚園に行って欲しい。

ではなぜそこまで万全の体調で行って欲しいと思うのだろうか？

僕が思うに、これは非常に情けない話ですが、

「確かに寝不足で迎える1日はしんどい。しかし、大人は手の抜き方を知っているから何とかなる。お前は手抜きの仕方を知らないだろうが！」

……あぁ何という事でしょう、これに尽きます。

あのヘボ係長の会議の時は意識を「無」にしてても大丈夫だとか、いくつか面倒な案件はあるがそんなものの1つや2つ後輩に任せてしまえ、とか。大人は1日の体力の割り振りをシミュレーションできる。しかし子供は真正面から1日に立ち向かう。寝不足で迎えた1日の14時頃に勝負所が来た時、果たしてこの子に体力は残っているのか？　もし体力が無くミスをして、そのミスが致命傷にならないか？　などの心配をしてしまう。しかしあぁ何という事でしょう。大人は最悪あの人には怒られても大丈夫だ、とか考えてしまう……。

だからもし僕が愛しい我が子に「なぜお父さんは遅くまで起きてるのに、僕は早く寝ないとダメなの？」と聞かれたら、

「お前、明日手を抜くとしたらどこで抜くつもりや？」と逆に聞き、

「算数や。割り算はわからんから」

などと言われたらビンタをして、

「それは絶対にやれ！　ちなみにこの理科の授業は何を習うねん？」

「わからん。でもジャガイモに何か液体かけて紫色になるかどうかみるらしい」と言われたら、

「そうか。お父さんは無駄を無駄と知る事も大切やと思う。けど、もしどうしても今日しん

ど過ぎるという瞬間が来たならば、そのジャガイモの所で休め」

と言いたいですね。

それが大人というものではないでしょうか。

◉ツイッター

最近は仕事終わったら即帰宅して、ひたすら酒飲みながら録画してた番組や海外ドラマのDVDを見て、泥酔してきたら何か熱い話を誰かとしたくなってしまうが、わざわざ外出するのも面倒くさいのでツイッターに熱い事を書き込んだりしています。「あぁ俺良い事呟くなぁ」と思いながら。

もちろん芸人ですから自分なりの一スパイス足した呟きを書いているつもりです。

まぁ大泥酔していますからストレートな時もありますが、基本的に皆様を「ハッ」とさせて、しかも「にんまり」してもらえるような呟きができた時は一円も貰えないとはいえ、なかなかの満足感があります。かなりいいのが書けた時はすぐさま削除して、こちらのコラムの原案になるように別の紙にメモします。薄れゆく意識の中、ギリギリの作業です。集中力が必要。

軽いメモではダメです。

翌日そんなメモを見ても「ん？　コレは一体何が言いたいのだ？」となって使えません。そんな時は最悪です。確かに昨夜何かいい事を思い付いた筈なのにツイッターからは削除してしまってるし、コラムにも書けない。

昨夜が「無」同然です。

なので、コラムに書きたい程の事でもないがツイッターとしては面白い事を書けた時に、なかなかの満足感を得るのです。

で、これこそが流行り病というのか、そんな時はその呟きのリツイート数が気になってしまいます。一応知らない人の為に言いますが、リツイートというのは「お、この吉田の呟きいいな。拡散して他の皆にも伝えたいな」と見た人が思ったら押せるボタンの事です。要するに、自分の先程の呟きの一つの評価ともいえます。あくまで一つの評価なのですが、これが気になってしまうというのはツイッターをやった事のある人は皆わかると思います。

なので少ない時は「あれ？　先程の俺の呟きはきちんと電波に乗ったのかなぁ？　あれ程の呟きが3リツイートのワケないのに」とか思ってしまう。結構寂しいもんです。

だからそれが辛くて反応欲しさに過激な写真載せたりする奴もいます。「承認欲求」です。

これは人間の欲求の中でもかなり上位のものらしいですが、SNSの普及で簡単に手に入りそうな錯覚に陥る。ヤバイです。やみくもに有名人に罵詈雑言浴びせて返信を狙う奴などその典型です。

しかし中には上を行く人もいて、ひたすらに焼売《シューマイ》になりきって呟きを続けている人もいる。「呼ばれたので今から横浜から東京駅に行ってきます」とか「僕は美味しいんDEATH」とか。一体どんな人か想像もつきませんが、そうして焼売になりきって呟き続けてる人がいる。そしてその焼売が「やっぱ寿司が好き」とか呟くと1500リツイートくらいになる。僕はそれを見つけた時に、俺は俺のがんばるべき所でがんばろうと改めて思いましたね。

◉今のプロ野球

ところでしかし、今プロ野球は凄い時代ですよね。僕らより上の世代の方が自慢気に、長嶋茂雄さんがいかに凄かったかの話をされている時は、

「あぁその時代のプロ野球を俺は知らない。よっぽど面白かったんだろうなぁ、羨ましいなぁ」

などと思っていました。

ところがどっこい、今の選手の凄い事凄い事!

例えばイチロー選手なんかメジャーリーグで殿堂入り確実やし、田中マー君は日本で24連勝して今やニューヨーク・ヤンキースのエースですよね。他にも松井秀喜さんも凄かったし黒田選手も凄すぎた。

極めつきは二刀流の大谷翔平選手。

投手でも打者でも超一流で、こんな選手が出てくるなんて想像もしてなかった。漫画の世界でも嘘くさいぐらいの活躍。

20年前にタイムスリップできたとして、「20年後東京都知事は女性になって、2020年には東京でオリンピックをやる事が決まったぞ!」と言っても「オォッ!」と共感を呼ぶかも知れないが、「プロ野球で二刀流の凄い選手が出てきて、その選手はメジャーでも活躍するぞ!」と言った途端にキテレツおじさん扱いされそうなレベル。

先の2つの様な話だけならNewsweekや日経新聞なんかも『未来から来た予言者かく語りき』とかいって載せてくれるかもわからないが、「二刀流」の話をしたら月刊ムーとか東スポの宇宙人を捕えたとかの欄に載せられてしまうだろう。

それぐらい、もう素頓狂といっていいくらい凄い。メチャクチャおもろい芸人が俳優でも凄い、とかではなく、メチャクチャおもろい芸人が冬季オリンピックで金メダルを取ったぞ！　笑いで金、スベっても金、みたいな。有り得ない。

しかし周りの選手の中には複雑な気持ちの人もいてないのかなぁ。

みんな投手一本もしくは野手一本でやってるのに、コイツだけ２つともできて何やねん！みたいな。大谷選手、ホームラン22本打って１６５㎞／h投げて10勝するんですよ？野手一本の選手でホームラン20本以上打つ人の方が少ないし、投手一本の選手で10勝以上する人の方が少ない。俺が他の選手なら、

「野球が上手いからってそれがなんなん？」

という禁断の一言を言ってしまいそうだ。あるいは、

「お前の体格が俺にもあって、生まれた時から全くお前と同じ物を食べ同じ指導者に恵まれ、お前んちで育ってたら俺も二刀流やってたやろなぁ」

と、自分以外の全ての物事に責任をなすりつける。

当たり前ですよそんなもん。

それで大谷選手に、

「いや、吉田さん。そんな考えだから駄目なんです。逆に僕が吉田さんの環境で生まれ育ってたら、30ホームラン20勝できたかも知れないんですよ？」

なんて言われて、

「は？　俺の親父とおかんの事を知らんからお前はそんな事が言えるんや。いかにあの２人がしょうもないか言うたろか？」

と、まさかの親の悪口を延々と言い出す事、確定。そして正月、家に帰り母親に、

「しかし大谷君って凄いなぁ」

と話しかけられ、

「まぁそうやなぁ。あいつだいたい日本ハム時代から栗山監督にハマってたからなぁ」

「…………」

「まぁまぁまぁ、今日は野球の話はえーやんか。しかし腹減ったなぁ。お、カレー作ってくれたんや？　コロッケも焼きそばもある。寿司まであるやん。こんな一杯食べられへんって。でもおかんありがとうな」

と、少しだけ目に涙を浮かべて実家を満喫する事、確定。

もちろんプロ野球の世界には俺の様な人間はいないでしょうが、これは俺の悲しい性分。どこか１つくらいは日本ハム出身で現メジャーの大谷選手に勝っている所が俺に無いのか探してしまう。

顔、収入、運動神経、人間性。全てにおいて私ブラックマヨネーズ吉田敬は負けている。

しかし私だって四十数年間もそれなりに一生懸命生きてきた。何か1つくらいは大谷選手に勝っている所がある筈だ。探そう。

あった。先の行を書いてから1時間経ったが、俺が大谷選手に勝っているであろう所を1つだけ見つけた。それは、

『今までに食べたハムの枚数』だ。

何を隠そう、俺はハムが大好きだ。きっと日本ハムのハムも俺の方が食べている。ここだけは勝ってる。よし、今から更に差をつける為にハムと食パンを買いに行こう。

◉2020　東京オリンピック

情けないくらい揉めましたね。エンブレムや新国立競技場設計に始まりボート会場まで。いち早く俺は冷めてきましたね。別にどこでやってくれてもかまへん。

選手の方へのリスペクトや与えてもらう感動はこちらからしたらあまり変わらない。

オリンピック開催地が東京に決まった時は、「あぁとんでもなく渋滞するな」とか、「オリンピックが近づいてきたらオリンピック特番とか増えてスポーツとは無縁の俺は少し仕事が暇になるかな」とかマイナスな事を思いつつも、日本が経済的に豊かになる事に繋がればいいなと思っていた。

ところがいざ決まったらこのあり様……。

漫才コンビにも似た様な事があるんですよ。

ずっと売れずにやってきて、いざチャンスをもらって売れかけたら仲が悪くなるというのが。何組も見てきました。「自分が自分が、俺が俺が」になりがち。

冷静に、2人にとって長期的に良くなる事を目標にしないとあかんのに、心の奥に潜んでいた「何としても自分だけは売れたい」という悪魔が顔を出す。今まで売れてない時のイベントなどではツッコミに仕切らせといて、いざテレビになるとボケが仕切り出すようなコンビなんかはヤバイですね。当然例外もたくさんありますが、後輩なんかでそんなコンビを見ると大丈夫かな？　と思う。

売れてない時から日々必死で過ごし、いつ売れてもいいようにしとかないと駄目ですよそんなもん。

ブラマヨはできてたと思います。俺ら今でこそ「仲良しコンビ」とか言われますけどケンカした数は相当多いですよ。

でもその結果、何とか10年ちょっともった。基礎があるんですね。

いつ報われるかわからなかったし、報われなかった可能性もあったけど、基礎はコツコツやってきた。

日本はどうか？

メチャクチャ基礎しっかりしてる。ガッチガチに仕上がってる。

だから今ある施設で充分じゃないの？

何がレガシーを残すだ。

何がアスリートファーストだ。

今ある建物を作った人への敬意はどこへ行った？

今ある物でオリンピックができてしまうという国力の示し方もあるだろう。

だいたいがIOC会長のバッハという名前に威圧されてはいないか？　偉大な音楽家と同じ名前に。タンポンさんならもっとこっちが強気で話せそうやし、ザビエルさんならこちらの要望を聞いてくれそう。バッハは絶妙の威圧感。とんでもなく無駄な施設を作って、その廃墟を見ながら音楽家バッハの代表曲である「G線上のアリア」を聴いて涙ぐむような事にはなりたくないなぁ。

◉アメリカ大統領選

日本にとっても非常に重要な意味をもっていた2016年のアメリカ大統領選、トランプ氏が勝ちましたね。あれほど選挙前はヒラリーヒラリーとテレビや新聞は言っていたのに。もうマスコミへの不信感ハンパやないです。

「ヒラリーが勝つに決まっている。トランプはにぎやかしだ」と言っていたコメンテーターが、いざ大統領がトランプになって「彼も変わるだろう」と言ったってそうそう信じられるワケがない。

それを考えるとインターネットが普及していて本当に良かったと思う。発言が過激すぎて大手のテレビなどに出られなくなったジャーナリストの意見も、彼らのSNSなどで読む事ができる。

そして案外そういう人達が、トランプが大統領になった時の事をずい分前から考えていたりして……。今後は大マスコミからのニュースに、そういったSNSの情報なども自ら取り入れて判断していく時代なんですかね。

メンドくさいなぁ。

でも、一方向からの情報だけでは危険。だから昔よりも良い時代ともいえると思う。

しかし、わざわざSNSに登録して参加までする必要は無いですね。

僕は関西の番組の罰ゲームでツイッターを1ヶ月限定でやらされるハメになり、やり出したらそんな事情を知らない関西圏以外の、あるいは関西圏でもその番組を見ていない方々の中にも楽しみにして下さる人が現れ、引くに引けなくなってしまってもう数年やってるという経緯があります。

「吉田さんツイッター始めたんですね！　通勤の電車の中での楽しみができました！」

みたいなのをもらうと、

「あ、罰ゲームの期間1ヶ月やから！　1ヶ月経ったしホナやめます、サイナラ〜♪」とは言えなくなった。

罰ゲームのノリでナンパに行かされたのに、女性が本当についてきてしまった。しかもその女性が僕にアンアン感じてしまったようなもの。

「待ってたの！　あなたみたいな人を待ってたの！」と言われた感じ。

そんな女性を1人ラブホに残し、「俺は帰るぜ」などと冷たく言い放てる男は罪。偉そうに言いますが、本当にそんな気持ちで続けました。

で、結果的にツイッター、すなわちSNSに少し詳しくなり、今こうしてネットの良い部分を語っているのだからわからないものです。

ただ、やはり参加までしなくていい。なぜなら本当にしょうもない呟きまで目にしてしまうから。

とにかく延々と人を攻撃ばかりしてくる輩《やから》と接してしまう……。

例えばある日の僕の呟きに、「吉田の今の呟きは本当におもしろくない。よく芸人やってるな？」と送ってきたかと思えば翌日になってもまだ、「それにしても昨日のお前の呟きはおもしろくなかった。ムカムカする」と、2日間にもわたって文句を書き込んでくる奴もいます。

見なければ良いだけの一言に尽きる筈なのですがね。

僕はそういった輩達をカスと思うようにしています。悪口としての「カス！」じゃなく本質的なカスという意味で。料理でも彫刻でも、良い物を作る時でも何かを作る時には必ずカスはでる。

そういうカス。

テレビなどの大マスコミからは得られないリアルな情報、それをあえて素敵な情報とするならば、そりゃあカスもでてくるよなぁという考え方です。

参加さえしなかったらそういった悪口を2日にわたって言われなくて済むのです。

ちなみに、2日にわたっておもしろくないと言われた僕の呟きというのは、

「ジュ〜、ジュ〜、ジュ〜、パフッ。お好み焼きの音だよ！」

というものです。

何という事でしょう。そもそも僕がカスみたいな呟きをしています。

◉トランプの年収

話が大きくそれました。

トランプ大統領です。

なんか、年収5百億円とか言われてますね。

僕はもうマスコミを信じられないと言いましたが、ココは信じます。

でもまぁ幅をもたせて3百億から千億円という事にして、いや、もっとわかりやすく36

5億円としましょう。

1日1億円。

マジか。

1日1億円使える人生。

どう思いますか?

割と高級な風俗で1時間2万円です。

5時間サービスを受けるとして10万円。

9990万円残ります。

ならば当然女性の数を増やすという発想になります。

その場合の究極は、玉が2つ、乳首が2つで耳が2つ、足の指も感じるとして足が2つにチンコが1本、各性感帯に1人ずつ配置したとして9人、キスも望んだとして10人。

10万円×10人で百万円です。

1日5時間、そんなぜいたく三昧コースをしても9900万円残る。

後は食事代。1日3食、全てロイヤルホストで食べても6千円いかない。

浴槽に溜めたお湯をおちょこ1杯分捨てるようなものだろう。

音楽が聴きたかったら3千万円とか払えば誰だって来てくれて生演奏してくれるだろうし、

泣きたくなったら自前のヘリコプターを飛ばして、一所懸命山を登っている人を見に行けばいい。ヘリでホバリングしながら、必死で山を登っている人を酒を飲みながら見て「ああ、頑張るって素敵だな」と思うと泣ける。

もう、やりたい放題できる。

5千万円あげるからお前は目一杯悪者を演じろ、そして俺がお前を成敗して人気を得て、俺のグッズを売る。それでまた1億円の売り上げが見込める。なんて事もあるかも知れない。

ヤバイヤバイ。

1日1億円生活が楽しいのか怖いのかわからなくなってきた。

でもなるほどなぁ。

1日1億円使える暮らしを何年もしてたら俺だって出馬するかなぁ。

全身舐め倒されてふやけた体にキスマーク付けたおして選挙演説するでしょうね。

「もう飽きた！　もうエロい事するのも飽きたし全てのぜいたくはやり尽くした！　貯えも充分あります！　ココにこれだけ金置いとくんで日本の為に使って下さい！　マジでそんな感覚です！　俺の人生に、無いものが無くなりました！　しいて言うなら国民の笑顔。別にそれもいらないけど暇なんです！　どうか皆さま、清き1票をよろしくお願いします！」

案外当選するかも知れない気がしますね。

◉ドローン宅配

最近ドローンが話題だ。今後、デリバリーもドローンで行うという話もある。

僕はあまり楽しみではない。

上空を、ピザや寿司を載せたドローンが飛び交う社会。不安点も多いだろう。

冷たい上空で運ばれるピザは今以上に冷めはしないか？

高層マンションの上の方の階に住んでいる人などはきっと宅配のピザでは一生カリカリに乾いたベーコン、固まったチーズのピザを食べる事になる。

そして、おそらくドローンを使っての商品の引き渡しはベランダになるであろうから、お隣さん、あるいは上の階の人などに「またピザ頼みやがった！」などが丸わかり。5日も連続でピザをお隣さんが頼んでたらお隣さんの食生活が心配になるし、5日連続でピザを頼んでたくせに6日目に寿司が運ばれてるのを見ると、

「ピザに飽きたんかい！」

と何故か少し一言言いたくなる。

あるいはそれがファミリー用のマンションで、あまりにお隣さんが宅配の食事ばかり頼んでるのを知ったら、

「隣の嫁は晩メシを全く作らないのか……。そんなぐうたらな女ならきっと男関係にもだらしなくて一発ヤレるかもな」

などという誤解を生む可能性もある。

または一人暮らし用のマンションで、今までドローン宅配を使いまくっていたお隣さんがパタッと使わなくなったら、「アレ？　彼女でもできて料理作ってもらってんのかな？　ちくしょう！」と余計なストレスも感じてしまうだろう。

さらには、もしお隣さんが絶妙な割合でピザと寿司がほぼ1対1、たまに中華やジョナサンが入り交じる。といった場合は、町内で「賭け」を始めるおっさん達も出てくる。

「今日はあそこの住民何を頼みよるかな？　そういえば今日、昼の情報番組でマグロの効能について特集しとったから、それを昼休みに見とったら寿司な筈や。よっしゃ、寿司に1万円！」

みたいな事になってくる。

政治はカジノ法案に賛成も反対もなく、まさかのドローン宅配ギャンブル依存症問題に国会で時間を取らなければならない。

ならばまず、国はドローンが今どんな商品を宅配してるかわからない様にしてくるだろう。

お隣さんが注文したものがピザか寿司か中華かジョナサンかわからない様に一律白いケースに入れること、などという法律。

しかしそれこそが国民感情をわかっていなくて、お隣さんが頻繁にドローンで何かを宅配してもらっていればそれが何だか知りたくなるのが人間の性。いやいや自分はそんな事はないと思いながらコレを読んでいる人は危機管理能力が低い。毎日毎日お隣さんが何かを頼む。ましてやそのお隣さんがメッチャ美人、あるいはメッチャ太っているなど個性的であったなら、絶対に気になってしまうだろう。

かといってお隣さんのベランダに着陸寸前のドローンに手を伸ばし、中身をチェックするなどという暴挙は絶対にしてはならない。

「飛んでるドローンに手を出すとんでもない隣人！」

という安い見出しが付くニュースになる。

だからどうするかというと、ベランダに出てクンクンと必死で匂いだけでも嗅ごうとする。

その結果どうなるか。

この汚染物質にまみれた町の空気を大量に吸い込んだアナタは、肺ガンになる。

その時になって気付いても遅い。

果たしてそこまで考えてる人間は一体何人いるのだろうか。

ピザがドローンで運ばれてくるとなったら、大量の鳥も一緒にベランダまでついてこないか？　今一度考えるべきだ。

ベランダで大量の鳥達を手で払いのけながらドローンからピザを受け取る様が目に浮かぶ。頻繁にピザを頼もうものならカラスなどは賢いのだから、俺のベランダでピザを待ち構えだすだろう。

それはすなわち、ベランダがカラスの巣になる危険をはらむ。巣ではなくとも、セカンドハウスにはなる。35年ローンで買ったマイホームを、なぜカラスのセカンドハウスにされなければならないのだ！　そんな会社員、あるいは日本国民が続出する。

それでいいのだろうか？

ドローンでの宅配は実害を伴う。

実害とは痛いとかしんどいとか寒いとか暑いとか熱いとか。

そちらの対策が進んでいるという話は全く聞かない。

なのによくこんなにドローンでみんな盛り上がれるなぁと思いますね。

◉十二支

言わずと知れたネ、ウシ、トラ、ウ、タツ、ミ、ウマ、ヒツジ、サル、トリ、イヌ、イ。漢字は、もう今は使わんやろそんな漢字、ってのが使われてるのであえてカタカナで書いた。

しかしまぁ改めて、なんであるんですかねコレ。確か物語があった筈で、今までの人生でその物語を3回は聞いたと思うが全く覚えてない。

そしてそもそも、日本人全員が思っているに違いないが、ウマから後が覚えられない。

ネ、ウシ、トラはまず頭に入り易い。

これは動物が段々強くなっていってて自然だし、最初の「ネ」も、ネズミを略してくれた事で「ねぇ！」と話しかける感じになり非常にスムーズ。だからみんな「ネ、ウシトラ」と始めます。

そしてその次の「ウ」も絶妙。ここもウサギを略して1文字にしてくれてるのがポイント。

ダンスというのは基本的にカウントで覚えるというのは皆様もアイドルの密着番組などでご存じかと思います。8カウントが多いですね。「ワンツースリッフォ、ファイブシックスセッブンエイ」みたいなやつ。

　ネェウシトラウの「ウ」はワンツースリッフォの「フォ」なんです。4カウント目に何か一区切りしたいのが人間というもの。

「1、2、3、ダァー！」もそうだし、バンドも曲に入る前はドラマーがスティックで「ワン、ツー、ワンッツッスリッフォッ」とリズムをとってから演奏が始まる。

「ウ」が正にそこを担っていて、見事に役目を果たしている。ここがヒツジならば何かこの先とてもメンドくさい事が待っていそうと感じ、気が滅入る。「ウ」で正解。

だから、みんなネェウシトラ「ウゥ」と気合を入れて言い、「タツ」からさぁいよいよノッていくぜとなる。

　で、その後の「タツ、ミィ」も大丈夫。

　これは辰巳琢郎さんや藤波辰爾さんのお力もあって、一回頭に入っている音だから難なくいける。いい感じいい感じ！　喉が破れる程の大声で十二支を言うぜ！　という正にその瞬間に「ウマヒツジサル」って……。その後も「トリイヌ」って……。最後の最後に「イー！」が待ってはいるのだが、そこまでの愛の無さ、楽しくなさに心にヒビが入る。

　とにかくウマからイヌの間が、まるで浮気でもバレたんかなという時の嫁の態度くらい冷たい。クール……。「イー！」までが無限の距離に感じる。いや、もう「イー！」など見せかけのゴールで、本当はこの世には存在しないのではないのかとまで思えてくる。

俺が何かしたのか？

俺が「ネェウシトラウゥ、カニ、シシ」などとうっかり星座を言ってしまったのなら「ウマヒツジ」からのそのクールな態度も理解できる。

しかしそんな間違いは今まで一度もした事はなく、考えられる事は俺が「ネェウシ」と言った時にお前が勝手に「おうし座」を意識してスネ出したのかなぁくらいで誤解だよそれは。

全くもって「ウマヒツジ」から後のお前は狂ったように変わった。変わってしまった。

ならばこちらももう覚えるのを止めてやろう、覚えてたまるか、サヨナラ。

恐らく皆様もそんな気持ちになり、十二支の順序を全部覚えるという事を止めてしまっていると思う。

俺も何度も何度も覚えようとしたが挫折してきた。

「サル、トリ、イヌ」の箇所は昔話の桃太郎の家来達で、桃太郎ゾーンだなぁぐらいの規則性は発見したが、いかんせん順番が入ってこない。だいたいが、「ウマ」が「ミ」の直後で良いのかどうか毎回自信が持てない。

勝手に十二支など決めたくせに、それを覚えさすそちらの努力が見えてこない。人を馬鹿にするな。

そんな気持ちに囚われて俺は40年以上も放置してきた。

40も過ぎれば人生の折り返しだ。

最近は老後の事なども頭をよぎるようになってきた。

しかしこのまま、十二支も言えないお爺ちゃんになっていいのか？　いつか孫ができた時、孫に合わす顔はあるのか？


「ねぇねぇ敬おじいちゃん、今年はトリ年だよね。来年ってナニ年だったっけ？」

「ん？　ネェウシトラウゥタツミィ……。うーん。おじいちゃんは人生に必要ないと思った事はやらんかったからなぁ！　知らんで良い！　ガハハ！」

「え？　じゃあ僕も小学校行かなくてもいい？　先生がチューリップが種じゃなくて球根から育つって、だから何なんだよって話じゃん。理科なんて必要ないしね」

「アホ！　お前は学校に行かなアカン。おじいちゃんはそのぉ……、嫌いなんじゃ、十二支とやらが大っ嫌いなんじゃ」

「なぜ嫌いなの？」

「そのぉ……、ネズミ年とかヘビ年の奴がかわいそうじゃ。そいつ自身その年に生まれたくて生まれたワケじゃないのにネズミ年生まれというのは一生ついてまわる。何となくホラ、ネズミ年の社長の下で働くよりトラ年とかタツ年の社長の下で働きたいじゃろ？　ワシはもっと、本質的な部分で人間を見るべきやと思うとる。十二支というのは人間に余計な色付けをしているだけにすぎん！　だからもうワシはそんなもんに付き合ってられるかと、覚えるのをやめたんじゃ。ガハハ！」

「その臭い口で言い訳ばっか吐いてんじゃねぇぞコラ爺ィ」

「え？」

「逃げてきただけだろ？　自分で言い訳見つけてよぉ。そんなの小1の僕にもわかるぜ」

「なんやと？」

「コレ、やっぱ返すわ」

「な、何やコレは？」

「テメエから貰ったお年玉だよ。こんなもんでこの先アンタから恩を着せられちゃ、たまらねぇからな」

「グッ、胸が、心臓が痛い……」

「後もう1つ言っとくけど、あんた町内の人に言われてるぜ。あの爺ィは昔テレビに出てたらしいが、いつまでもそれにしがみつき続けてエラそうだ。そのくせ何かと言い訳を見つけて町内会の仕事はやりもしねぇって。結局アンタは自分に甘いだけなんだ。テレビに出てたっつってもアンタだけの力じゃない。とっくに死んじまったけど小杉さんって人がいたからだろう？　小杉さんが死んだ30年前はナニ年だよ？　ククク。オメェにはわかるワケねぇよな。あ、お年玉やっぱ貰っとくよ。ロボットお爺ちゃん買う足しにすっから。じゃ、もうアンタ死んでいいから」

「グワッ。頭が……イタ……」

そんな人生の最期は絶対に嫌だ。

正直僕はお正月気分も高まるし年賀状も書き易いし、十二支はどちらかと言えばあった方が良いとさえ思っている。

ならば逃げない。

覚え方が無ければ自分で作ればよい。

「ネ、ウシ、トラ、ウ、タツ、ミ」までは完璧に頭に入っている。

その後の「ウマ、ヒツジ、サル、トリ、イヌ、イノシシ」は俺はこう覚える。

「ディープな洋モンきちんと見れば、犬のように発情するイボ猪吉田」

説明が必要だろう。

まず「ディープ」はウマ。これはディープインパクトからとった。

「洋モン」はアメリカのAV。洋で羊、モンでモンキーを覚える。

「きちんと」はほとんど「チキン」なのでトリ。これぐらいの変化は調味料のさしすせその「そ」が味噌のそになる、くらいの事。OK。

「犬のように」はそのままイヌ。

「イボ猪吉田」は当然イノシシ。それを「発情するイボ猪吉田」にする事で前の語からの文脈ができてすんなり頭に入る。

実は年明け早々にこの覚え方を思いつき、今コレを書いている時点で1ヶ月程経ったが、もう完全に頭に入り、人生で初めて十二支が全て言える様になった。皆様も良ければ参考にして欲しい。

ネ、ウシ、トラ、ウ、タツ、ミ、ディープな洋モンきちんと見れば、犬のように発情するイボ猪吉田。

◉角刈りの留学生を探して

しかしまぁ最近の科学の発達はすさまじいですね。医学や防犯、犯罪捜査などではもっと科学が発達して欲しいとは思いますが、一般生活においての科学の発達、便利過ぎる世の中はもういらないかなと思いますね。

例えば何でもネットで買え過ぎ。

買いもんぐらい行こうよ。当然お年寄りや妊婦さんとかは別としても、ティッシュや洗剤、そういった細かいものもワンクリックで持ってきてくれる世の中。

で、結果、以前もニュースにありましたが配達員が忙し過ぎてブチ切れて荷物を道路に叩きつけるという……。

あってはいけない事ですが、昨今の時勢を考えると「あぁ、ちょっと気持ちわかるなぁ」と心の中の数%で感じてしまう。

機械が便利になり過ぎて、人が追いついていないんでしょう。

美味しい料理は目の前にポンポン出てくるけども肝心の箸が無い。みたいな状況ではないですかね。

全てのものが一見便利にはなった。しかし笑顔は増えたのかなぁ。

何となく満たされはしているが、でも何となくモヤモヤして、そのモヤモヤイライラをSNSなどにぶつけてしまっているだけだろう。幸せを感じたいなら、もっとシンプルで良いのではないだろうか？　女性の気持ちはわからないが、男ならば恋をして、できればその好きな女とエロい事をする。その為にも仕事をして、上には上がいる事を知り、たるんでいる自分に自己嫌悪しながらも頑張ってなんとか達成感に満たされ、打ち上げの飲み会の後エロい事をする。

たかだかそれだけの事を目標にする所から幸せは始まるのではないのかと思っている。で、その信念のもとに語りますが、やはりもうまずネット通販を、やめろとは言わないまでも抑えるべきだ。欲しい物は自分の足で買いに行くべき。

例えばエロＤＶＤが欲しくなってしまったとしよう。

最近の奴らはすぐに無料だからと違法エロ動画を見るらしい。そんな事をしてれば誰もＡＶ女優にならないしＡＶを作らなくなる。バカ過ぎる。それは己が働きもせず親の金盗んで生活しているのと同じで、結局近い将来、己の食卓に何も並ばなくなるだろう。すぐに己や弟が困る事になるのがわからないのか。短絡的にも程がある。

だからせめてレンタルＤＶＤ屋に行けと思う。金を使えよ。しかし、ちなみに俺はもはやレンタルＤＶＤ屋さんでエロＤＶＤは借りない。

一応ブラックマヨネーズ吉田という名前があるので、ここ10年はエロＤＶＤを借りていない。俺のレンタル履歴を世間に発表して欲しいぐらいだ。

少々話はそれるが、なぜエロＤＶＤを借りないかというと、レンタルＤＶＤ屋さんで何かしらの映画を借りた時におそらく俺のレンタル履歴がレジの画面に出ていると思うのだが、その時に店員に「あぁブラマヨの吉田はテレビではスケベな事を言っているが実際はエロＤＶＤは借りていなくて、何やかんやと言いつつもモテているのだなぁ」と思われたいのだ。

だから俺は、正直に言ってコンビニのエロ本を買っている。凄いですよ、最近のエロ本は。ＤＶＤも付いているし。それで千円いかないのは安過ぎて心配にはなるが、そこはまぁ一応お金はきちんとルールに則《のっと》って払っているのだから俺が考える事でもなかろう。

とにかく、俺はそういうスタイル。しかし当然、コンビニの店員が若い女のコの時は買わない。

サラッとサンドウィッチとエスプレッソをクールに買って「ありがとうございました」。さすがブラマヨの吉田はエロ本を買わないくらいモテているんだ……などとたっぷり尊敬の眼差しを背中に受けながら出て行く。

だから、エロ本は夜中のコンビニで中国人なのか韓国人なのかはわからないが、とにかく角刈りの留学生店員の時に買う。

一度難波のコンビニで、「ブラックマヨネーズノヨシダサン？　デスヨネ？」と片言の日本語で言われた時は、俺の努力が踏みにじられた気がしてムカついてしまった。

しかし、そういった思いをして買ったエロ本に付いてるDVDを見た時は格別な気持ちになるのだ。

そして一人でコトを済ました後には、「あぁ、さっきのコンビニの角刈りの留学生は、きっと母国では少なからず反日教育もあった中、日本を好いてくれて安い家賃のアパートに住み頑張ってるんだろうなぁ。凄過ぎるなぁ。それに比べて俺は少したるんでるよなぁ」などと感傷にふける。そこには友情に似た感情さえ芽生える。

そう、話を戻すと買い物に行くと刺激があるのだ。モチベーションが生まれる。あの留学生は外国にまで来て頑張ってるのだから俺も頑張れる筈だとか、だいたいがコンビニの店員が若い女性であっても俺がとんでもなく偉大なスーパースターならばエロ本どころかその女性店員に声を掛け、そのまま仕事を早退させて連れて帰って来られたかも知れないのに俺はクソだから無理なんだ、もっと頑張らなきゃ！　とか。

とにかく買い物に行くという行為には夢や希望や挫折などが転がっている。

それを今は何でもかんでもネットで買って、運動不足だからとジムに行ったりジョギングしたり……。何やねんそれは。

もっと買い物に行くのだ！

欲しい物が決まっていてもネットで買わずに、お店に行った方が良い。オープントースターで欲しい型番のが決まっていても一応電器屋に行き、最終確認的な質問を店員さんにする。そこでその店員さんの話し方が説明してる自分に酔いしれているような場合は「あぁ、こういう話し方は俺はやめよう」と勉強になる。喋りが上手い方がエロい事をするのに近づけるに決まっているのだから、こんな喋り方はダメだと知る事は大いなる前進だ。

何より店まで行く事自体が運動になりスリムになるし、歩くと亀頭が擦れて早漏防止にもなる。

これは俺の持論だがブリーフじゃなくトランクスを穿いて練習してるマラソンランナーに早漏はいない。

きっとサッカー選手も練習から亀頭とトランクスがかなり擦れまくってるから早漏はいないに決まっている。いるとしたら、想像力が豊かな司令塔的ポジションのミッドフィールダーだけの筈。あるいはゴールキーパー。

とにかく今、何もかもが便利になってきている。プリクラなんかも画像修整できすぎで、「次のコンパ来るのこの女のコやねん」などとプリクラを見せられていくら可愛くても一切油断できない。

結局会うまでわからなくなっただけではないのか。

テレビが3Dだの8Kだのになったって、流れてくるニュースに偏ったものが多ければ意味などない。

だいたいが8Kになったら、それは俺がより鮮明にテレビに映る事になり、中年以上のタレントの皺《しわ》などもバッチリ映り、余計に辛い画面になるのではないのか。

科学は凄い。

そんな事はわかっている。

しかし、安易に「楽だから、今この瞬間楽できるから」一辺倒ではおかしくなる。

いつの日か、動く洋式便器の上に座りっ放しで、常にVRヘッドセットを装着しっ放しでAIが考えたあらゆる世界の疑似体験をし、Pepper君が作った料理を食べさせてもらうだけの日が来るかも知れない。

そうなってからでは遅いから、俺は今日も歩いてエロDVD付きのエロ本を買いに行くのだ。そう、角刈りの留学生を探して……。

◉自分がわからない

僕はもう40歳過ぎのいい大人ですが、未だに自分の事がわかりませんね。

例えば僕は毎晩のように家で1人で酒を飲んでいます。先日は吉田山田という歌手の「日々」という唄を聴いて1人で号泣しました。僕は1人で酒飲んで酔ってきたらちょくちょくこの唄を聴きます。

まぁ1度聴いてみて下さい。

名曲中の名曲だから。

この吉田山田の吉田さんという方は同じ名字ですが、僕の親戚でもないので、何の宣伝でもありません。安心して聴いて下さい。

で、超、超簡単にどんな唄かというと、お爺さんとお婆さんになるまで長年連れ添った夫婦がいかに色々あったか、お互い不器用で、それでも何気ない日常の日々が幸せだったよねって唄です。

僕の嫁がたまたまNHKの「みんなのうた」という番組を見ていて凄く感動して、その「日々」という唄を録画していたのを僕に聴かせてくれ、僕も号泣してしまい、自分達の結婚式でも流しました。

今でも仕事でビジネスホテルに泊まった時など、1人で酒を飲みながら「日々」をスマホで聴いて嫁を想い、あたたかい気持ちになったりもしています。

しかし、僕が自分がわからないというのはここからで、ひとしきり嫁を想い涙など流した次の瞬間、ビジネスホテルのAVを見るのだよね。

「あぁ、泣いた泣いた。AVでも見よう」

となる。しかも、「出会って4秒で合体」とかいうタイトルのやつを見ていやらしい気持ちになる。なれる。

つい先程まで、色々あっても長年連れ添った夫婦の素敵さに憧れ、涙していたにもかかわらず、「出会って4秒で合体」というAVに興奮する俺がいるんです。

ちなみにこの「出会って4秒で合体」というAVはタイトルからもわかるように、普通に雑談などしていた女性の前にいきなり素っ裸の男性が現れてその女性の乳とかを強引に揉みしだき、女性は「ちょっと何？　やめて下さい！」などと言いながらも結局アンアン感じ出してしまうというAVです。超、超簡単に説明するとそういうAV。

当然AVなのでフィクションなのでしょうが、長年連れ添った夫婦の唄で泣いた直後にそのAVで燃えるという自分にがっかりです。いや、がっかりというのはテレビ的な発言でした。訂正します。

しかし、かといって誇らしくもないというか……。

まぁ、そういうものなのかなぁとは思いはしますが、自分がわからないとも言える。

そう、よくわからないのです。

そういった自分がよくわからない事は多々あって、他には僕はコンビニなどで売ってる冷凍の鍋焼きうどんが大好きなんです。

そりゃあもちろんうどん屋さんで食べる鍋焼きうどんの方が美味しいのですが、冷凍鍋焼きうどんは自分の家で、自分が食べたくて食べたくて仕方ない時に食べられる。

うどん屋さんの鍋焼きうどんの方が美味しくとも、うどん屋さんには営業時間というものがあって絶対にその営業時間内に食べないといけない。当たり前の話です。

しかし果たして自分が鍋焼きうどんを食べたい気持ちのピークの時にうどん屋さんが開店しているかわからないし、もしピークの時に開店していたとしても心のどこかで僕は鍋焼きうどんを食いたいピークをうどん屋の営業時間に合わす努力をしたのではないのかという感覚も拭いきれない。すなわち、お店で食べているという時点で、僕は自分が鍋焼きうどんを食べたい気持ちのピークにあると百%まで思えない。

その点、コンビニ冷凍鍋焼きうどんはどうだろうか？

営業時間もクソも無くいつ食べても良い。

俺に百%の食べたいピークが来た時に冷凍庫から取り出してガスコンロにかければ10分後とかには食べられる。

今何時であるとかそういうのは、一切関係ない。

究極に食べたい時に食べれる。しかも、店では決めれないテレビのチャンネルも自分で決めれる。ガスが止まってたら？　とかコンロが壊れてたら？　とか言う奴はノイローゼだろう。無視して良い。

とにかく百%食べたい時に食べられるのが冷凍鍋焼きうどん。

なので僕はスーパーやコンビニに行った時、冷凍鍋焼きうどんを買ったとしても家に帰ってから気が変わっていれば食べない。

鍋焼きうどんが大好きだからこそ、冷凍鍋焼きうどんは食べたいピークの時の為にとっておく。

そして先日、ある真冬のクソ寒い日だった。そこそこに酒も飲み、いい感じで酔っ払って冷凍鍋焼きうどんを食べたいピークが来たので冷凍庫を開けた。

無いのだ。


冷凍庫に鍋焼きうどんが無い。

僕は一瞬パニックになったが、そこで「ハッ」と思い出す。

「俺は結婚していた」

嫁が食べやがったとしか考えられない。

寝室のドアを開けて嫁の胸ぐらを掴んで「コラお前」と言ってやりたかったが、俺は中学生ではないし嫁は俺のおかんでもなく、「日々」を聴いて嫁を想い泣いた事などを思い出し我慢した。

しかしもう俺の口は完全に鍋焼きうどんモードで、最低でも麺。

寒くてとてもコンビニまで冷凍鍋焼きうどんは買いに行けないから、必死でキッチン周りの棚を開けインスタントラーメンを探した。

ある筈。

絶対にある筈。

あってくれ。


あった。


インスタントラーメンがあったのだ！

しかも４種類ぐらいあって俺はジャンプするぐらい嬉しかった。

しかしあぁ何という事でしょう。

その４つのインスタントラーメンを確認した途端に、俺の麺欲は果たされるのだと確定した途端に、俺はその、棚に置かれたラーメン達を見て腹が立ってきたのだ。

なぜならそのインスタントラーメン達に「え？　食べてくれるんですか？　僕達で良いんですか？」という緊張感が走った気がしたのだ。

確かに俺の中でインスタントラーメンは冷凍鍋焼きうどんよりは格下で妥協だった。

しかしいざ頼った時に何とも言えない自信無さげな感じがした。

それに俺は腹が立った。

「おいおいお前ら、まさかスタンバイしてなかったんちゃうやろなぁ！」と、キレてしまったのだ。

当たり前だがインスタントラーメンは感情など持っていない。なのに僕は勝手に彼らの感情を想像してキレた。

本当に自分がわからない。

僕は少し乱暴にインスタントラーメンを作り、「あぁこれが鍋焼きうどんなら鶏肉もあってかまぼこもあったのかぁ」などと愚痴りながら乱暴に食べた。

そして満腹になった時、猛烈にインスタントラーメンへの感謝の念が湧き上がってきて、心の底からインスタントラーメンに謝罪した。

「お前達は悪くなかった。むしろいつも通りの味をありがとう……」

僕にはつい先程まで冷凍鍋焼きうどんを食べるという夢があった。理想があった。しかしそれが叶わなかった時、荒れた。

ただ、これは現実の社会を生きていく上でも重要な事で、理想通り物事が進まなかったとしても何かや誰かにあたってはいけない。

むしろ、その時きちんといつもの様に自分の周りにいてくれる人に感謝をする事が大事なのだ。その方が笑顔も増えるだろうし絶対に幸せだ。

先程までインスタントラーメンにぶち切れていたのに、もう今は何かを学んで感謝しているのだから、僕は自分がわからない。

◉ベーシックインカム

最近ベーシックインカムという言葉をよく聞く。新聞なんかではＢＩとか表記されてますね。

不平等感バリバリの生活保護と年金のシステムを全部止めちまって、問答無用で国民１人ずつに毎月働かなくても最低限の生活はできるくらいのお金を支給しようという制度。働き方改革や少子化対策にもなるなどメリットがたくさんあるみたいだが、それは読者の皆様が調べてくれたら幸い。

しかし日本では、やるとしても国の財政を考えたら1人8万円くらいの支給になるのではないかという記事を見ました。

何とも微妙な額だが、3人家族なら24万円。

まぁ莫大な家のローンなどが無かったら一切働かなくてもなんとかなりそう。

社会は回るのかな？　とも思うけども、そこはもっと良い生活がしたい人や、やっぱり働いて人の為になりたいという人などもいて成立するという事なのだろう。

もしこの制度が施行されたとしたら、今の所僕は働く気は全く無い。月8万円でやっていける自信がある。

というのもまず僕には食へのこだわりがあまりないから食費がかからない。温かい白飯さえあればおかずにはこだわらないタイプ。

もしソフトボールを頑張って飲み込むなり腹を切るなりして胃に入れてしまい、満腹中枢神経の上にボールを載せると一生腹がへらなくなるのならば、もうそれでいい。時々バーベキュー味やうなぎ味のガムさえ嚙ましてくれればOK。

オシャレにも興味が無いのでGパンとTシャツとMA－1のジャンパーだけあればいい。

Tシャツはダサい安物でも、ジャンパーのチャックを閉めるのでバレないから全然OK。

夏場はポロシャツオンリーで気にしないし、春や秋はジャンパーのチャックをダサいTシヤツがバレない程度に開けておけばＯＫ。

電車に乗る時はそれじゃさすがに暑くてジャンパーを脱ぎたくなってしまいそうだが、俺はバリバリのインドア派なので電車に乗るくらいなら外出などしない。

一回ソフトボールを満腹中枢神経の上にさえ置いてしまえば、お金などいらなくなる事が判明してしまった。

とにかく電気代水道代など、多少は金が必要ではあるが、抑えに抑えれば一切働かずとも生きていけるのがベーシックインカム。待ち遠しいね。

起きたいだけ起きて寝たいだけ寝てゲームや読書三昧の日々、最高ではないか。

でもまぁ毎日毎日やってたらすぐ飽きるのかな。その場合はどうしよう？　スナックにでも行くかな。スナックに行き小太りのホステスをいじり倒して笑いを取り、「吉田さんやっぱり面白い～♪」など言われてその流れでキスをして、俺のやわらかい唇の虜《とりこ》にさしてやろうではないか。

あれ……？

スナック開いてるかな？

もし仮に働き者のママがいてスナックが開いていたとしても、こんな毎日RPG三昧の生活をしていて、空腹防止のために腹にソフトボールを入れているいつも同じ服を着たブッツ男の冗談に笑ってくれるだろうか？

少しでも小太りのいじり方を間違えたら出入り禁止にされないだろうか。ママだってベーシックインカムで最低8万円は国から貰っているのだから、変な客の1人や2人出禁にさせたからって平気な筈。むしろ最低限度の生活は保障されてる分、よほどのプロ意識が無い限り以前よりも客を選ぶ可能性、大。そこに医者の客が現れ「別に働かなくてもいいんだけどさ、やっぱ患者さん救いたいよね。結果的にお金も貰ってるけどさ、やっぱ患者さんが回復して喜んでる顔見るのが僕は幸せなんだよね。まぁいつか気が変わって医者を辞めちゃうかも知れないけどね、アハハ。でもいいんだ。その時には多少なりとも貯金もあるし、何よりベーシックインカムで一応生活はできるだろうしさ、だからむしろ昔よりお金を使いやすいよね。ママ、ドンペリ1つ」などと言われた日にはもう俺の居場所など無し。唯一の自慢である俺のこのやわらかい唇も劣等感で水分が回らずカサカサのカチカチになるだろう。

かくなる上は「ベーシックインカム以外での収入がある人は入店禁止のスナック」を作ってもらうしかない。

待て。そこは超絶やさしいママも絶対に出てくる筈だ。何とかなる筈。しかし、もう一度待て。綺麗所はやはり同じ水商売をするならより一攫千金《いっかくせんきん》を実現できる銀座や北新地のクラブで働くだろう。

となればベーシックインカム専用のお店で働く美人で気立てのいい女性などはやはりレアな存在となり大人気。客同士で奪い合いになるに違いない。

そうなった時、果たして俺はどこで他の男共との違いを出し、そのレアホステスをGETすれば良いのだ？

誰よりも速くドラクエをクリアして「できる男」をアピールするだろうか、又はいかにドラクエの細かい所まで語れる男かをアピールするのだろうか？　どちらにせよ毎日がプレッシャーだ。

そこへ「は？　ドラクエなんか何がおもろいんスか？　やっぱバイオハザードでしょ」など言ってきて俺のドラクエ人生を否定する客が現れたら殴ってしまうかも知れない。

そうかそうか、ゲームに頼るからダメなんだ。ここは俺の得意な笑いで勝負するしかない。ドラクエもバイオハザードも一応かじるだけかじり、何か面白い所を探す。ゲームの話題だけだと物足らないので日常生活からも何か面白いものはないかと意識する。そうしてできた話をママに聞いてもらい、「やっぱり吉田さん面白い〜♪」となり、俺のやわらかい唇の虜にさせてやる。

待ってくれ。待ってくれや。

こんなもん今と何が違うねん。

確かに毎月8万円は大きい。今より伸び伸びはできるだろう。

しかし、かと言ってやはりどこかで頑張らなければならない状況はベーシックインカム制度が施行されたとしてもなくなりそうにない。

すなわち現状、ベーシックインカム待望論には、頼むからあまり働かなくてもいいように国がしてくれという願望もあるのだろう。何となく自分は働きすぎでもうちょっと休みたいけど、日本は休まず文句も言わず働いてる人間が「凄い」と言われがちだからついつい頑張りすぎてしまう。結果、気が狂いそうになる。本当に皆様よく働いてて、どこかで休んでいいんだよ、という大義名分が欲しいのだと思う。

実は俺もそうで、どこかで誰かに強制的にストップをかけて欲しい時がある。

インフルエンザで今日は行けませんというのは惜しい。大変に惜しいが少し違う。高熱はしんどすぎる。嫌だ。

何か軽い事件を起こして謹慎はどうか？　惜しいが違う。ちょっとサジ加減が難しすぎる。

なのでベストは相方の小杉がヤミカジノに行ってしまい、「小杉の起こしてしまった問題は、僕にも責任があります。コンビというのは2人で1つです。なので僕も謹慎します！」という、吉田まで謹慎しなくていいのに、コンビ愛強い奴で素敵やな、と思われながらの3ヶ月謹慎。

でも小杉はギャンブルしないんですよね……。
何やねんアイツ。クソが。
あぁ何という事でしょう。BIについて考えてたら小杉に腹立ってきました。
ブツブツがイライラでもBIか……。ちくしょう！

◉大阿闍梨とTENGAの共通点

俺は毎晩のように酒を飲みます。酒を飲んで「あー1日終わったぁ」を満喫する。
っていうか飲まないと1日が終わった気がしない。なので夏休みとか正月休みとかの連休を過ごしてる時の方が逆にあまり酒を飲みませんね。起きた時点で1日終わってますから、あえて酒を飲んで1日終わった感を味わう必要がないという気持ち。

通常時はそれこそ焼酎を４００㎖とか、翌日の仕事が昼からの時は７２０㎖のボトルを1本1人で空けたりしますけど、連休中の時は幸せ感いっぱいの二世帯住宅に住む、まだ化粧の仕方も知らないようなバージンの女のコくらいのペースでしか酒が飲めない。

一口飲んでは口を窄《すぼ》め、ちょっと経って「私も大人なんだから飲まなきゃ」と頑張ってまたもう一口飲むのだがあまり美味しくなくてまた口を窄める。

そして、ちょっと飲んだだけで顔が熱くなって眠たくなっちゃう。

自分でも信じられませんけどね。


だいたいが昔から酒は好きでしたが、今ほど飲むようになったのは仕事が忙しくなりだしてからです。

それこそ仕事が無い頃はコンパの時くらいしか飲まなかったし、家で1人飲みするオッサンなど全くもって理解できなかった。

そういう人達を全員アル中だと思っていた。

しかしかなりの量の仕事を頂くようになってからは、1人で酒を飲む事が大好きになってきたものだから人生はわからない。

女のコのいる酒の場に誘われる事もあるのですが、美味しいちりめん山椒などをロケ先で頂戴した日などはそれをツマミに一人酒の方を選択する場合まである。

これは自分でも想像できない事ではあるのだが、そういう「あー昔の自分からは思いもしなかった自分になる事もあるのだなぁ」という感覚を知った事で、元ヤンキーの大工さんとか元犯罪者の牧師さんなんかも以前より信頼できるようになったと思う。

で、1人で酒を飲んで何をしているかというと、もちろん映画のDVDも見るし録画していた自分の出演してる番組も全てではないけど見るし、地上波じゃないニュース番組もネットで見る。

突発的にスパゲッティが食べたくなってコンビニに行き、ミートソーススパゲッティを買ってパルメザンチーズまみれにして食べる事もある。

当たり前だが日によって違う。

そして、日によってはシラフの時ならとても時間の無駄のような気がする事を考え込んだりもするし、そうやって泥酔しながら考えた事をメモったりする。なぜそんな事をするのか自分でもわからないが、せっかくこういう場がある事だし、今日はそのメモの何点かを紹介させてもらう。

例えばある日のメモ帳にはこんな事が書いてあった。

「人生は山登り。ブ男なのにモテる人は上から手を差しのべてくれる先パイ。ＴＥＮＧＡは下から押し上げてくれるお坊さんと同じような存在。どちらもいてくれて俺がいる」

重ねて言うが、これは一人飲みで大泥酔して、その時に「ハッ！　これは！」と思った事を小さな紙にメモしていたもの。日付さえ書いていない。

しかし、俺はこの文が嫌いではない。解説すると、世の中には目標とするべき凄い方々がたくさんいて、そういった方が上から「この手を摑んで頑張って登れ！」という愛はわかりやすい。しかし、山を登るのに苦戦している俺の愚痴を「うんうん。そうだよね大変だよね。わかるよ。休んだっていいじゃない」と、下から支えてくれる愛もある、という事が言いたかったんだと思う。そこへの感謝を忘れたら人間終わりだという事。

そして、この時の俺の「支えてくれているもの」の最たるものが男性用オナニーグッズのＴＥＮＧＡだったという事だろう。

この文は自分では深いと思っていて、男というのは常に戦いに勝ち、いい女性とＨをヤリたい生き物。しかし当然戦いに敗れ女性とＨできない男も存在してしまう。そういう男達を救うのが限りなく女性器に近づけたオナニーホールであるＴＥＮＧＡ。

戦いに負けて女性とＨはヤレなかったけどＴＥＮＧＡに救われました、などという日本人男性は何万人といる筈だ。

そして、この「私は困った人がいたら上から手を差しのべるのではなく、下から支えてあげたい」という文言は、以前お仕事を一緒にさせてもらった事のある高名なお坊さんが言っていた言葉だ。そのお坊さんは、大阿闍梨《だいあじゃり》という僧侶最高位で、一代で仙台にお寺を建立したえげつない凄い方で本も出されてるし、実際今も多くの人を支えてらっしゃる。そう。酔った俺はＴＥＮＧＡとそのお坊さんは案外やっている事は同じだと思ったのだ。もちろんイメージの違いはあるが、イメージなどはいざのいざ追い込まれた人間からしたらどうでも良くて、自分の身に起きた問題によって駆け込む所は違うだろうが、駆け込まれた時の信頼度というのは案外ＴＥＮＧＡも大阿闍梨も変わらないのではないかという事。

これはもう大変に深い事を俺は泥酔しながら書いているなぁと感じる。

まぁＴＥＮＧＡは性的欲求のみにしか対応できないので同じだと言い切る事はムリかも知れないが、困った人への対応の仕方の基本的理念は同じだと言える。

これは泥酔してる時にしかできない新発見だった。

他にはこんなメモもあった。

「髪を茶色に染めている女性にエロを感じるのはなぜか？　エロを感じるが、嫁には黒髪であって欲しい。それは茶髪にアメリカを感じるからか。そこに流される女の軽さを感じ、ヤレそうな気がするのか！」

これも日付など書いていない。しかし書いてある紙キレの鮮度を見るとここ1年以内に書いたものだろう。

泥酔しながらよくこんな偏見めいたことをメモるものだと自分でも思う。

しかし、シラフの今これを読んではたしてこの理屈が完全に狂ったものかと考えると、俺はそうは思わない。

あぁ何という事でしょう。

確かにその通りだとまで思ってしまう。

まぁ自分で書いたのだから当たり前だが、実際明るい茶髪のコが軽そうに見えるのは確実で、黒髪の角刈りの女のコなどがいたらそれはとても彼女の信念を感じておいそれとヤレそうとは思わない。ヤリたいかどうかはおいといて、の話だ。

だいたいそもそも、流行に乗った服を着てる人間がモテるというのはなぜだろうと考えた時、考えられる事は2つ。1つ目は、あぁこの人は情報収集能力があるのだと思える事。2つ目は、あぁこの人は流されやすい一面があるんだ、ならば私がこの人を支配できるかもしれないなという感覚。

なので、俺のようにダサイ奴はモテないのだろう。特に2つ目の流されやすい一面ができてないので怖がられる。

実際ガラケーの人が本人は何不自由ないから使い続けているのに、今となっては少し奇異な目で見られるのはそういう事だろう。流されないこの人は、私の手に負えそうにないから怖いかも、みたいな。

そうかそうか、わかってきた。

だからコンパで今風の女のコが来れば俺は嬉しいけど、その今風の女のコはしっかり自分を持ったダサイカッコの俺に恐怖を感じる。だから俺はモテないのだ。ましてやブッブツがそれではなおさらの事だっただろう。

あれ？　泥酔してる時とシラフの今、案外書いている事変わらないなぁ……。

◉「口」「目」「耳」「鼻」

一流のスポーツ選手は道具を大切にするといいます。イチロー選手がかなりの時間をかけてグローブやバットの手入れをするのは有名です。もちろん使いやすくする為というのもあるでしょうが、俺は感謝を伝えているのではないかなと思う。

「ありがとう。お前らがいるから俺も頑張れているんだよ」と。

その気持ちはとても大切で、もっといえばたまには自分の体のパーツ1つ1つにまで感謝しても良いのではないでしょうか。

例えば顔には目、鼻、口、耳といったパーツがある。各々に感謝をしたい。中でも「口」の働きっぷりは断トツだろう。話す、食べる、舐めて異性を感じさす。これらの大作業を1つのパーツでやるのだから恐れいる。笑顔なんかもほとんど口の動きで表現するので大活躍してくれている。ひょっとしたら我々が美味しいものを食べたがるのは「口」を喜ばせてあげたいからなのかも知れない。好きな人とキスしたいという感情は、その人のパーツのエース部分である「口」を知りたくなるという事なのだろう。

すなわちキスというのは互いのエース同士のエールの交換ともいえる。

となるとSEX、挿入というのは互いの監督同士のエールの交換という事か。

話を顔のパーツに戻そう。

とにかく「口」には本当に最高の賛辞を贈りたい。

「目」はどうか。

「目」もかなり活躍してくれている。

一体どういうシステムで「見える」という事になっているのかさっぱりわからないが、大変に精密なシステムで成り立っているのであろう。物凄いインテリ細胞達が集まった研究所のイメージ。敬意しかない。

ただ、少し理解できない部分もある。

例えば朱色と赤や黒と濃紺など、そこまで見極める機能は必要ないのでは？　と思ってしまう。よくデジカメのＣＭなんかで○千万画素！　などという。という事は数千万色くらいの違いを見分けられるという事だ。

人が、そんなに色を見分ける必要性を感じない。

クレパスではないが12色見極められたらそれでいい。何千万色も見極めたくもないというのだ。そんなに見えてしまうから小さなシミなども気になってしまうし、テレビも４Ｋだの８Ｋだのに買い換えなければならなくなる。

12色、もう少し必要だとしても36色でいい。

それで余った力を透視の方に回して欲しい。しかしまぁ研究所のインテリなどはえてして変わり者が多く、今後も「目」は「見る」一辺倒だろう。当然、感謝しているが。

「耳」はどうか。

それこそ聞くという作業しかできない。

「聞く」は「見る」よりもたやすい気がする。しかし、だからといって「目」よりも感謝できないかというとそれは違って、「耳」は男女問わずの性感帯でもある。

どういうワケか、舐められると気持ちいいのだ。耳搔きで耳掃除するのも気持ちいい。

最近は耳掃除などやらない方が良いという意見もあるが、俺はそんなもの信じない。実際、先日俺の母親が耳が痛いといって医者に行ったら、耳垢のたまり過ぎだと診断された。耳掃除のやり過ぎは良くないにしても、やはり気持ちいいというのもあるので適度にやっておきたい。とにかく掃除が気持ちいいというのは凄い事。すなわち「耳」というのは「聞く」という作業だけではまだまだ体力が余っているから「気持ちいい」をやってくれている。

その心意気がたまらなく愛おしい。

なんとも可愛い奴、とベタ褒めで終わりたいところだがそういうワケにも、またいかない。

「耳」は俺本体が恥ずかしい思いをした時に赤くなるという機能がある。

これがいただけない。余計な仕事をしている。例えば番組収録時に俺が冗談を言ってスベった時などは耳が赤くなる。心の中で「あぁ今俺はスベったなぁ、恥ずかしいなぁ」と反省していて本来それで充分な筈なのに、耳が赤くなる事によってそれを他人に知らせる事になってしまう。そうなるとライバル達に「あ、今吉田ヘコンでるからますますスベらせて再起不能にしてやろう」と思わせる事になる。この弱肉強食の社会において、自分のダメージをわざわざ教えるなど生物としておかしい。自分にとってマイナスの機能。

これは、いつも情報を与えられるばかりで常に受け身だった「耳」が自分も何かを発信したい！と思ってしまったのだろう。

担当外の事までやろうとするも上手にできなくて迷惑をかけてしまうという、変に仕事ができる奴が陥りやすいミスをしてしまっている。大至急反省して「耳」は何かを発信するという事から手を引くべきだ。

「聞く」「舐められたら気持ちいい」この2大受け身作業に集中して欲しい。

ここは厳重注意。

しかし大いに感謝している。

で、問題は「鼻」だ。

コイツが大変な問題児だ。

改めて言うが「鼻」の機能というのは呼吸と匂いの嗅ぎ分けだ。

まず呼吸は最悪「口」でもできる。

しかし「口」はどう考えてもオーバーワークなので呼吸のお手伝いを「鼻」がしてくれるのは大変にありがたいのだが、それでも所詮補完的な役割。なので当然体力が余っていて匂いを嗅ぎ分けるという能力も担当する。こちらが鼻の主な役割という考え方もある。

ただ、この匂いの嗅ぎ分け能力は大切なものではあるが、顔面という限られた土地の中で「鼻」が使っている面積を考えるといかんせん場所を取り過ぎている。

本来は穴が2つ開いてたらいいだけだが、それではさすがに色んな物が入りそうというのでカバー部分が必要なのは理解できる。それでも小さなおちょこ1つ分くらいの範囲で肉なり皮膚がついていればいい筈なのに、実際はショットグラス1つ分くらいのスペースを使っている。そのクセして、舐められても全く興奮しないし、鼻をほじっても耳掃除のような気持ち良さもない。

ほぼ、匂いを嗅ぐという1つの仕事しか無いのにもかかわらず、こちらが風邪などを引こうものならすぐに詰まる。詰まるとは何事か！

完全なる職場放棄ではないか！

僕はね、何も「鼻」の役割が要らないといっているのではないのです。

「目」「耳」「口」がメチャメチャ頑張ってくれているのに比べたら、「お前ちょっとナメてないか？」と思ってしまうのです。

「口」が虫歯になったり口内炎になったりするのは「口」の仕事量を考えたら致し方ないのかなと思える。完全にオーバーワークだから。

でもやっぱ「鼻」は顔の中心でこれ程のスペースを使っているのだからもっともっと求めてしまう。

春先は花粉症の人も多くてずっと洟かんでる人もいる。

「鼻」何やってんの？

最近寝てる時に無呼吸の人も多いみたい。

「鼻」何やってんの？

納豆もにんにくも匂いは臭いけど栄養たっぷり。要するに臭いからといって体が必要としてないワケではない食材も多い。

「鼻」何やってんの？

そのクセして叩かれた時メチャクチャ痛くて、

「鼻」何やってんの？

象知ってるよね？　象の鼻は物摑んだり色々できるんやけど。

人間の「鼻」何やってんの？


ここまで書いて、改めて思う。

少し「鼻」を責めすぎた。

俺が勝手に「口」や「目」や「耳」と比べて「何やってんねん」と怒っている。

ならば「鼻」は要らないかというとそうではなく、必要。

そして、深い。

納豆やにんにくは臭いが栄養がある。それは体臭などで人を、生命を判断するなというメッセージではないのか。

いい香りのする女性だって逆にいうなら美人局《つつもたせ》かもわからない。


1つ1つのパーツは確かに頑張ってくれているが、全てのパーツに欠点はある。

それは人間もそうで、いくら優れた人間にも欠点はあって、それをみんなで補い合って生きていくのではないのか！

顔のパーツの中で一番タルんでいると思っていた「鼻」から学ばせてもらった。

「口」「目」「耳」「鼻」。みんなありがとうね。

◉小杉をカワイイと言う人達

時々、相方の小杉を「カワイイ」と言う人がいる。

俺は信じられない思いにかられる。「面白い」と言うのならもちろんわかるが、俺に隠れてコソコソとさんまさんやハイヒールさんといった大先輩にお中元を贈っているような姑息な男の何がカワイイのかわからない。

なぜ小杉がお中元を贈っているのがわかったかというと、ハイヒールさんの番組にコンビで出演させてもらってる時の収録中に、リンゴさんが「小杉、今年もお中元のマンゴー頼むで」と言ったからだ。

俺はア然とした。

ただでさえ俺はお中元というシステムに反対している。大して食いたくも飲みたくもないものをもらい、腐らすのももったいないからと数日ハムとビールばかりの暮らしを強制させられるお中元。逆もしかりで、コチラが選びに選んだ物が相手の好みに合わない場合も当然ある。「何卒お気に召さない場合は即捨てて下さい」と思うのだが、いざ一口も付けずに捨てられてるのを見てしまったら殺してやろうかと思うのが人間の性。

だいたいが贈る人贈らない人の線引きも難しい。贈られなかった人は「あなたはそこまで仲間ではないです」と言われたも同然で、敵となり、宣戦布告されている。また、「え？くれんの？」となった場合は「お返しせなアカンやん……買い物いくのメンドくさっ！」と思われるケースも想定するべき。

だいたいそもそもが、もう皆大人なんだから欲しい物は自分で買える。ごく稀に自分が贈った物が「こんなんあったの知らなかった！　最高に美味しかった！」となってくれる場合もあるかも知れないが、この情報社会で通販社会の中、確率として低すぎる。

万が一、自分が贈ったお中元がクリティカルヒットしても一生面倒を見てもらえるワケでもないし、相手からもお中元をもらっていたらそれは相殺されてチャラ同然となる。

唯一お中元にメリットがあるとすれば軽いミスをしても一回くらいは「あぁコイツお中元くれたからなぁ……」と許してもらえるかも知れない程度。

しかし2回目のミスからは「何じゃコイツ、お中元さえ渡しとけばタルんでても良いと思っとんのか！」となり効果は消える。

すなわちお中元というのは、リスクと配当のバランスを考えた場合、やるに値しない。当選確率10分の1以下なのに1・5倍の配当しかないような運だけのルーレットギャンブル。宝くじをはるかに上回るシビア度だ。

そんな、ただでさえ俺が嫌いなお中元などに相方が参加している事がもう残念なのに、それをこっそりやり、「吉田はこういうのしませんけど俺はきちんとした人間ですから」という考えがすけて見えるその姑息さよ！

断っておくがこれは陰口ではない。

実際そのリンゴさんが小杉のお中元のマンゴーの話をされた時も俺は「何てコイツは姑息な奴なんだ！」とパニックで瞳孔全開になりながらも口からヨダレを垂れ流してまで叫んでいるし、今まで何度も面と向かって小杉に「お前は姑息なアンパンマンだ」と、ウケるとかスベるとか関係なく言ってきている。

そんな、その様な人間の小杉の一体何がカワイイというのか。

そういった、小杉カワイイと言う人間が皆口を揃えて言うのがコレだ。

「太っていて、ゆるキャラみたいでカワイイ」

はぁ？　何言ってんの？　である。

当然、明るさとか態度とか顔なども何となく含んでの話ではあるのだろうが、太っていてカワイイというのは納得がいかない。

この高カロリーな食べ物の溢れる現代、太る事など簡単だ。簡単というか、最早太らないでいる方が難しい。

ここで少し、なぜ太っている事がカワイイとなるのか考えてみたい。

俺が思うに、太っているのがカワイイというのはやはり言い過ぎで、できれば自分はスタイルが良いグループに入っていたい。要するに真ん中辺りにいたい。しかし周りの皆がトレーニングなどをやり出そうものなら自分も真ん中の位置をキープする為にトレーニングを始めなければならなくなる。それはしんどいので今現在太っている人間に「カワイイ」と言って安心させておく、というのはあるだろう。

本当に、皆様性格が悪いですよ。

まぁそうやっておだてられてそのまま太り続けているというのはある種カワイイと言えるのかも知れないけども。

しかしながら太っている人を見るとどこか安心してしまうのは事実で、その理由は「俺より太っている人がいるなら俺はまだ大丈夫だ」という気持ちになれる事と、プラスもう1つある。

それは、今、自分が生きているこの現代の日本は、決して食べ物に困っているワケではないと思わせてくれるからではないだろうか？

飢餓や飢饉というのは生き物にとって最も怖い状態の1つであるから、太ってる人は「食べ物がたくさんあるんだ!」と思わせてくれるのだ。

それの証拠にヤセ過ぎてる人からは少なからず不安感を覚えるし、モデルの様に程良くヤせてる人には「あぁ、この人あまり食べなくても生きていけるんだ」という、生き物としての尊敬の念を持つ。

俺のように中途半端な体つきで能書きをたくさん持っている奴などは、現代の日本では一番ややこしい、悪質な存在といえそうだ。きっと俺は太ってもカワイイと言われなそう……。

あぁ、何という事でしょう。

目一杯小杉の悪口を書こうとしていたのだが、ちょっと自分の事を反省するという気持ちに、今なってきた。

コラムとは、本当に難しい。

◉屁

屁は面白い。特に同性の友達と一緒に居てる時の屁は笑ってしまう。尊敬する先輩や上司の屁も笑ってしまう。

なぜ笑ってしまうのか少し考えてみた。一応の答えは出た。

屁というのは腸で発生したガスが放出されたものであり、それはすなわち大腸がまさに便を作っている証拠であるので、そう遠くない未来に大便がしたくなるというサインと取れる。生物にとって大便をしている瞬間というのはかなり隙が多いので、オスとしてはその瞬間を狙われたら終わりだ。

友達や尊敬する上司の屁に笑ってしまうのは、自分が近い未来そんな最弱の状態になるという情報を、わざわざ教えてくれたのだこの人は、という信頼されてる感に包まれ、その喜びが爆発してしまうからだ。

そう考えると後輩の屁には笑えないし、むしろ腹が立つというのも合点がいく。先輩である俺と居ながら、近々お前は便意をもよおし、最弱の状態となる。ならばお前に俺を守る気は無いのか！　と不安になるから腹が立つ。あるいは先輩である俺の前でそう遠くない未来に最弱の状態になる自分を知らせるというのは「吉田になら最弱の状態の時でも勝てる」という事になり、それはすなわちナメてんのか？　という気持ちになるから腹が立つのだ。なので後輩は先輩の前では屁を我慢しなければならない。そしていざ大便に行く時には「今から大便をするという最弱状態になり、吉田さんを守れません。お許し下さい」と泣きそうな顔で言うべきだ。

さらに言うならば女性に屁をこかれると男は普通は嫌な、残念な気持ちになる。それは、きっと「音」のせいだろう。屁の音は低い。低い音が女性から出た事で少し男を感じてしまうのだ。なので俺は女性がうっかり俺の前で屁をこいたとしても、「ピー」みたいな高音の屁ならそこまで不快ではない。高音は女性的だからだ。

一応俺なりに屁の考察をしてみた。まぁ学者からしたら「屁」みたいな考察だろうけど。

◉ドラクエ

「ドラゴンクエスト」——今さら説明するまでもないが俺が子供の頃からシリーズ化されてる、RPGゲームの総本家だ。

俺は「X」以外は全てやっている。「X」をやらなかった理由は、インターネットで世界中の人達と繋がった状態でゲームをしなければならなかったからだ。

これが俺は嫌い。

悪者がこの世界を支配しようとしているのを阻止するゲームなのだが、その世界に悪者を倒そうとする人間が俺以外に何百万人と参加しているのが気に入らなかった。

俺だけを頼って欲しいのだ。

他のドラクエシリーズも何百万本と売れているので悪者を倒すのは自分だけではないのは当たり前なのだが、ゲームをやっている時にまで人と繋がりたくない。

しかも「X」は毎月課金しなければ遊べないという。

なぜ俺が悪者を倒して世界を救ってあげるのに、時々金を支払わなければならないというのだ。

そういった所も気に入らないので、「X」はやらなかった。

とにかくドラクエの世界の中では頼られているのは俺だけで、俺がなんとかしてあげないとこの世界の住人達は滅ぼされてしまうという状況じゃないと楽しめない。

意外に俺はRPGゲームに対しては真面目なのだ。実際にゲームを始めてその世界の中に入ると、例えばゲーム内にカジノなんかもあって開発者などはそのカジノだけでも充分楽しめるように面白く作ってくれているのだが、俺はほとんどドラクエ内のカジノでは遊ばない。悪者がこの世界を支配しようとしているのだ。時は刻一刻と迫ってきている。

そんな時にカジノで遊んでいる場合かと思うのである。

なので寄り道などせず、できるだけスピーディにクリアしようとする。

開発者が俺のプレイっぷりを見たら残念に思うだろう。たとえるなら料理人が丁寧にとんかつ御膳を作ったとする。もちろん白米や小鉢や中鉢、味噌汁などにも、あらゆる工夫をして提供してくれているにもかかわらず、俺はとんかつだけを急いで食べてそそくさと帰ってしまう客のようなものだろう。

まぁ楽しみ方は人それぞれ。とにかくインターネットで繋がらないタイプのドラクエが大好きなのだ。

で、そんな大好きなドラクエシリーズの最新作がネットで繋がらなくていい形で出たというのに、俺ときたら未だに買ってもない。

なぜか。

時間がないのだ。

仕事ばかりだ。

俺は中年といえるお年頃。俺と同年代で同じ様にドラクエをやりたくてやりたくて仕方ないのに時間がなくて手が出せないといった悩みを持つ人はメチャクチャ多いだろう。

情けない人生ですよ。大好きなドラクエさえ満足にできないとは。

そりゃぁ時間がないとはいえ全くない事はない。仕事終わりに毎晩酒飲んでますから。

「ちくしょう。ドラクエやりたいなぁ」と思い嘆きながら毎晩飲んでいる。

「じゃぁその酒飲んでる時間にドラクエやれよ！」と女や子供達から言われそうだが、それは違う。わかっていない。

仕事をして、たっぷりドラクエをやってから酒が飲みたいのだよ。

「じゃぁ仕事をして、帰って酒飲みながらドラクエをやれよ！」と女や子供達から言われそうだが、それも違う。

酒飲みながらできる程ドラクエは甘くないし、飲んでプレイしたら翌日ドラクエの電源をつけた時に自分が一体何をしたから今ココにいるのか、そして今からどこに向かえば良いのだったかとかが全く思い出せない。こんな夢遊病気分を味わうために買ったのではないというのだ！

大好きなドラクエ。

しかしその最新作が発売されてから、自分の時間のなさを改めて知らされたようでずっとしんどい。

完全に自分の人生を否定された気分。

何か楽しい事を考えたい。

◉生まれ変わるなら

時々人間以外の動物に憧れる。

昔はライオンに憧れた。陸で最強と言われていて、メスライオンに狩りをさせててうらましかった。しかし、群れに襲いかかってくる他のオスとの殺し合いの時はいつ来るかわからない。負けると自分の嫁は奪われ、子供達も殺されるという。警察もセコムもない。嫁を奪われ子供も殺され、己は野良ライオンになる。絶対に嫌だ。

象にも一瞬なりたいと思ったが、移動が多すぎる。他の動物からの攻撃はほぼないにしても、草だの水だののために移動が多すぎる。

これはしんどい。

なので、一番リアルにコイツこそがこの地球上で一番楽に、要領良く効率的に生きているのではないだろうかと思ったのがカラスだ。

しかも、「都会のカラス」。

田舎のカラスは、天敵がいるだろう。

自分より強いオオワシとか鷹とかが怖い。しかし都会のカラスに天敵はいない。

食料にも困らない。動物園に連れ去られる事もない。最高だなコイツら、と思っていた。

しかし当たり前だがカラスはカラスで、カラス内での戦いがあるだろう。

オオワシなどの天敵がいなくても、ライバルカラスにメスを取られる事もあるだろう。新宿のゴミの中でも自分の好物を他のカラスに奪われたり、ある日の朝から急にカラスよけネットが巻かれたりして絶望の波に飲み込まれる事もあるだろう。

ならばライバルもいない、ネットもまだない田舎にでも行けば良いのだろうが田舎にはオオワシや鷹がいる。

海に行けばどうか？

海鳥達は弱そうだし、トビウオもカラスの頭の良さがあれば食いまくれそうな気がする。

しかし、しかし俺には海の上を飛び続ける体力はなさそうだ……。

時々小さな岩礁の上で羽を休めたいが、どうやらシャチとやらがジャンプもできるらしくて大変に恐ろしい。絶対にシャチには勝てねぇ……。コイツと一戦交えるくらいなら、新宿でエラそうにしていたカラスと戦っていた方がまだ良かったと思うのだろう。

カラスになっても大変そうだ。

ならばシャチはどうだろうか？　海では最強らしく、天敵もいないらしい。最高ではないか！

当然、人間関係ならぬシャチ関係に悩む事もあるだろうが、海のギャングと言われている割には仲間と連係して狩りをしたり、仲間に危害を加えた人間を襲ったり、仲間思いな面もあるという。

シャチだね、シャチ。

いや、待て。最強という事は退屈でもある。シャチで「幸せ」になれなければ、それはもう百%己の責任。逃げ場のない自分対自分。

これは相当にキツい。

幸せじゃない自分の人生を少しも他人のせいにできない人生などまっぴらゴメンだ！　だいたいシャチになったらドラクエができない。

やはり人間でいい。日本人でいい。月15日休みの日本人に、私はなりたい。

◉浮気論

ずいぶん前のことですが、男性議員の不倫だ浮気だを追及しまくっていた女性野党議員の不倫が発覚して話題となったことがあります。ジャンヌ・ダルクとか言われてた人ですね。

この本が発売される頃にはもう風化しているかも知れませんが、本当にまぁ、どの面ブラ下げてあの女性議員は今まで他人の不倫や浮気を追及していたのだと、腹の立つ気持ちでいっぱいです。

当時不倫していた男性議員の追及に、お前の議員期間の内の何時間使ったのだ？　と言いたい。

己、カツラのくせして他人のハゲをガンガンいじる様な事をよくも何時間もしてくれていたなと思いますね。

俺は以前から常々テレビでも言っているように、男は、絶対とは言わなくともほぼほぼ浮気くらいはする生き物だと思っている。

そんなくらいの事は人類が生まれた頃からあった筈。数千年前、ひょっとしたら1万年以上も前からあっただろう。

もういい加減、男の浮気には慣れてもらうしかない所まで来た。来てしまったのだ。

だいたいが、何度も言うが「浮気」という言葉がおかしい。「浮チンポ」です。気持ちはそうそうに浮つかない。おちんちんが浮ついてるのだ。なので、不倫となるとそれはもう他の女性を愛しているのだろうから全く違う物なのだが、どちらにせよ、国会で何時間もかけて追及するなよと思いますね。

国会は1日開くのに数億円かかるらしいです。なぜそんなにかかるのかもわからないし、そこも腹立つ。余計な経費がたくさんかかっているのだろうか。一度、国会の予算の仕切りを百円均一ショップの社長に任せてみてもいいと思いますね。どれくらいもっと安くできるか。

とにかく現状1日数億円かかる国会の貴重な時間を、浮気不倫の追及の場に使うのはやめて欲しいと言うのだ。

よく、家庭も幸せにできない議員が国民、あるいは市民を幸せになどできない、という意見があります。

これは、絶対に違う。

俺は仕事と家庭は別だと考える。

当然、自分にとって一番大切なのは妻であり子供である。で、人間も獣であるならばそれは他のオスを殺すなどして家庭を守るリアル弱肉強食になるだろうが人間は違う。生きる為だけの殺し合いなどしない。

共存共栄したい！

頭が良いのだからできる。

しかし、殺し合いはしなくともやはりどこかで戦わなければならない、競わなければならない瞬間は悲しいかな、ある。

これは強烈なプレッシャー。戦ってますよ男性は。で、この強烈なプレッシャーと戦った直後くらいは、少しくらい自由にさせてやれよと思うのだ。

例えば俺は歌手のザ・イエロー・モンキーが大好きで、アルバムなどはほとんど全部持っている。ザ・イエロー・モンキーと結婚していると言っていい。

しかし、どうしても今は、今だけは「スタンド・バイ・ミー」を聴きたいのだという瞬間がある。俺は「スタンド・バイ・ミー」が誰の歌かも知らないし、その歌手のアルバムも本当に失礼な話だが欲しいとは思わない。心の多くはザ・イエロー・モンキーで満たされている。しかし、どうしても今は、今だけは「スタンド・バイ・ミー」を聴かせて欲しいという瞬間がある事は理解して欲しいのだ！

そしてこのように男の言い分を書くと「なぜ、男の浮チンポは許されて、女の浮マ◯コは許されないのよ！」という意見が出てくるのもわかる。

しかし、女性は浮マ◯コをしてはならないのだ。

女性が浮マ◯コしてはならない理由、これはいくつか思う所がある。

まず、Hで絶頂を感じた時の快感が、一説によると女性は男性の10倍らしい。脳波などを測った結果、そういうデータもあるという。

10倍は凄い。

同じ仕事をしていて給料が男が千円で女性が1万円、みたいな事だ。

この差は大きい。なので女性は同じ事をして1回1万円ももらえるのだから、多少は男が他でバイトするのを認めるべきだ。

10倍の差というのはもう圧倒的と言っていい。例えば圧倒的な差と言えば男女の腕力の差も圧倒的だ。女性格闘家でもない限り、殴り合いをすれば普通は男性が余裕で勝つ。だからこそ、絶対に男は女性を殴ったりしてはならないし、女性からビンタの1発や2発もらったとしても殴り返そうという発想にさえならない。

腕力で圧倒的に勝つのだから、そこで勝負しようとは思わないのだ。

にもかかわらず、多くの女性は「男の浮気がアリならば女も浮気するわよ！」とか言う。

待ってくれと。圧倒してる方が待ってくれや。

じゃないと、女性が男性にビンタしたからといって男性に殴り返されても良いのかという話になりかねない。大変危険な発想となる。

そして更に、10倍の差をおいておいたとしても、女性が浮マ◯コしてはならない理由はまだある。

元来、太古の昔から男性が狩りに出て、女性は仲間とのコミュニティを守ってきた。狼や熊などリアル猛獣達に襲われる可能性のあるこの地球では、人間は個人で生きていけなかった。だから必然的に人間は群れをなして生きていた。女性がお話好き、いわゆるおしゃべりたる所以《ゆえん》は男が狩りに行ってる間コミュニティの中でしっかり立場を守る為とも言われていて、それは一理あると思う。女性が平成の今、この時代でもおしゃべり好きなのは太古の昔からのＤＮＡによるものだろう。ならば当然男性にもその当時からのＤＮＡが残っていて、そしてそれは現代という時代、狩りではなく仕事、という事になる。外で金を稼いでくるという事が、昔で言う獲物を捕えて帰ってくる事。多分昔の男は、遠くまで獲物を狩りに馬に乗って出かけただろう。現代で言うなら車だ。すなわち、今の男は車に乗って狩りに行く。

それはもちろん長旅となってしまう事もあるだろう。そうなった時、コインパーキングだとか、ちょっと高いけど屋根付きの駐車場にしっちゃおっとか、とにかく車を一旦停めて休みたくもなるだろうよ。人生という長旅の途中、車を駐車場に停めるだけ。

それが、俗に言う浮気。

帰る所はわかっているの。しかし今、どうしてもココに停めて休まないと体と心が持たないんだ。だからこそ、時には荒れ果てたガタガタの砂利だらけの「え？　ココ駐車するのにそんなに金かかんの？」みたいな所にさえ停めてしまう。その時は「あぁ俺ココに停めて休んじゃうんだぁ」くらい思う。あー、こんなコでも抱いちゃうんだなぁ的な。本当に、ただそれだけの事。

これは全くもって仕方がないじゃないかとしか言いようがなくて、今私はこの原稿を書きながら泣いている。

一方この場合、女性は何かと言えば、家の駐車場という事になります。

車に乗って狩りに出かけた旦那、あるいは彼氏を待つ愛しい我が家の駐車場だ。

一度、よく考えてみて欲しい。

途中汚いコインパーキングで車を停めてまで頑張って狩りをしてきた男が、「あー、ようやく家に帰ってこれた」となっている時に自分の駐車場に謎の車が停められていた時の衝撃を。車を外に停めても良いけど、自分の駐車場に他の車が停まるのはダメなんです。

これが女性の、俗に言う浮気なんだよ。

そういう事。重ねて言うが不倫は違う。駄目。不倫というのはこっそりもう1ヶ所、別の駐車場と本格的に契約を結ぶ事。俗に浮気と言われる浮チンポは「ちょっと停めたらすぐに出て行きますので」という一時的なもの。

それだけの事。

それをわかってない奴が多すぎる。

ちなみに俺は、このコラムを女性が読む事を想定していませんので、よろしくお願いいたします。

◉一考して欲しい事

いよいよ俺は、本格的に時代についていけなくなりつつあると感じる今日この頃。

ビットコインなる言葉をやたらと聞くが意味不明だ。儲けてる人は凄くそれで儲けているらしい。

世界で使えるようになれば既存のお金より便利で、もう今のお金はいらなくなるという話もある。そのクセして、今1ビットコインが何万円になったとか言って喜んだり落ち込んだりしている。最終的にお金やないか、と思ってしまう。

それくらいの知識しかないので、とても手が出ない。まぁそもそも買い方さえわからないが……。なので今はただただ暗号通貨とやらに手を出した人は全員損する事を祈っている。

わからないと言えばスマホも。携帯電話をスマホにして1年程になるのだが、恐らくスマホのポテンシャルの5％も使いこなせていないだろう。電話とメールとツイッターとAbemaTVと舟券を買うのとグーグルで調べ物をするくらいだ。じゃらんのアプリはダウンロードしたが、そこで旅館の感じなどを見て予約は電話でしてしまう。

「じゃらんで見て、大人2人で2泊お願いしたいんですが」

と電話するのだが、きっと電話の向こうでは、

「じゃらんで見たならそのままネットで予約しろボケ」

くらい思われているだろう。

あぁそう言えばこないだラジオがスマホで聴ける「ラジコ」というアプリをダウンロードした。この最新技術の一杯詰まったスマホで、ラジオを聴きながら犬の散歩をしている俺。

正直、暮らすには今のままで充分なのだが、やはりこのままでは駄目なんだろうなぁと思ってはいる。パソコンとかそういうIT系のものをもっと勉強した方が便利なんだろうなぁと頭の中では思っていても、いかんせん今のままでも特に困らないのだからなかなか動き出

せない。言ってしまえばゴミ屋敷の住人のようなものだ。

「綺麗にした方が良いですよ！」と言われても「俺がこれで良いんだから放っといてくれ。なぜそちらが正義なんじゃ！」みたいな感情。案外そういう俺と同じような中年も多いと思いますけどね。

なのでココは行政に入って欲しい。

45歳から、また通わなければならない学校を作って欲しいのだ。当然義務教育で。

考えてもみて欲しいのだが、俺は高卒で18歳から社会に出て、もう30年近くも経っている。社会は約30年前とはガラリと変わった。

ビットコインだのスマホだのＷｉ－Ｆｉだの、授業で習っていない事だらけの世の中になった。にもかかわらず、学びたかったら自分で学べというのは、中年の気持ちを全くわかっていない。中年というのはなんとなく面倒くさい事からはハラリと逃げる技術はついてしまってるんだよね。

会社でもそこそこの立場になっている場合も多く、

「これは資料作るの大変そうだな。でもパソコン使いの達人の○○君ならそこまで時間かからずできそうだ。よし！　○○君にやらしてしまえ！」

とかができるだろうし、

「ちくしょう、映画見たいけどレンタルビデオ屋まで行くの面倒くさいなぁ。ネットの放送局と契約さえすればリモコンひとつで映画が見られるのか……。いや待て、20年前にレンタルビデオ屋に行った時、あまりに気怠《けだる》そうにビデオを選んでる女のコがいて、声をかけたらそのまますぐにラブホテルに行けた事があったなぁ……。よし、ひょっとしたら今日もそういう展開があるかも知れないからレンタルビデオ屋に出掛けよう！」

と、なまじっか外出による奇跡も数回経験してしまってるからネットなどまた今度でもいいや、となるのだ。なってしまうのだ！

なのでやはりココは行政に入ってもらうしかない。こんな風に家にいながらにして何もかもできてしまうようにしたのは国の責任でもある筈だ。じゃがいもに、何だったか忘れたが何かしらの液体をかけたら紫色になるといった実験をやらされたのは覚えているが、人生で役に立った事は1度もない。あの日の給食費を返して欲しい。

だいたい音楽の授業もなんでリコーダーだったんだよ？　なぜ、ギターを教えてくれなかったんだ！　演奏しながら歌いたいだろう普通は！　リコーダーが俺の人生の役に立った事は1度もない。ベルマークを返して欲しい。

しかしまぁ、じゃがいもが紫色に変化したのが面白いと子供の頃に感じて科学者になった人もいるだろうし、リコーダーが上手にできて音楽に目覚めたアーティストもいたのかも知れないので全否定はしない。

ただ、すっかり中年になった今、強制的に習わせて欲しいものの方が多いのだ。

では、『大人義務教育』で教えるべき教科をいくつか書いてみる。

まずは「パンクの直し方」。

俺は車に乗るが、田舎の人のいない道などを走る度に怖い。「今、パンクしたら終わりだ。車内のどこかに予備のタイヤが入っていると思うが、どうやって出すのかさえわからない」と、ずっと思っている。ロードサービスにスマホで連絡すれば解決だが、スマホのバッテリーが無い場合などは真冬ならば死ぬ。

車どころか自転車のパンクさえ直せない。もし、俺が今自転車で1時間程の距離の所にお出掛けしてパンクして乗れなくなってしまったら、多分自転車を捨てて帰るだろう。車通りのある道まで歩いてタクシーで帰宅する。なので絶対にパンクは自分で直せた方が良い。

次に「正しい言葉遣い」。これもわからない事が多い。

例えば俺の嫁は俺より13歳年下なのだが、嫁には姉が2人いる。その姉2人も俺よりは年下。しかし、俺より年下であるにもかかわらず俺の義理の姉という事になるので何とも言葉遣いが難しい。たまに会って話す事もあるが、俺は敬語で話している。しかし、年下でもあるので「それは違うと思うで」みたいな事を言う時に困る。俺からしたら年下の人なので「間違ってると思うで」とタメ口でいきたいのだが、相手からしたら妹の旦那だ。ずっと幼少期から妹にエラそうに接してきた姉。どこかに私がこの妹を大人にさせてやったという感覚もあるだろう。そんな妹の前で、妹の旦那という、すなわち妹と同格の人間にタメ口で話されたくはないだろう、と思ってしまう。

逆に言うと、俺には9歳年下の弟がいるが、この弟がもしも俺よりも年上の女性と結婚して、一緒にメシ食ってる時に俺にタメ口で話してきたらどう思うか。

俺より年上なんだから当然タメ口で話してくる理屈もわかるけども、ただアンタ俺の弟の嫁なんだからそこまでエラそうに話してこないでよ、と思うであろう自分もいる。

要するに、ルールがアバウト。無いに等しい。この場合、心理学的にはどういう言葉遣いが人間としてベストなのか、基本を知りたい。

基本があって、各自の理由などを加味して各々の親戚でルールを決めれば良いのだが、現状の日本にはその基本が無い。それは重力が無いのと同じで自由過ぎる。いや、この場合は重力が2つあるとも言えるので、今一度皆で学び直すべきだと思う。

他にも「インターネットのあらゆる使い方」や「ギターの弾き方」「泳ぎ方」から「スズメバチの殺し方」「正しい腹筋の鍛え方」や「魚の釣り方、さばき方」など、大人になってから必要だと思った事を改めて学べる義務教育。

知っていた方が良いとは頭ではわかっていても、知らなくても生きていく術を変に知ってしまっているから動けないのだ。

だから、義務教育にして欲しいのだ。

楽しいと思うけどな。制服なんかもあって。例えば45歳とかなら今までたくさんのプレッシャーを抱えて仕事をしてきたと思うけども、義務教育で1年間は学ぶ立場になり日々のプレッシャーからも解放されるだろう。

そこまで同い年が集まる事も今やあまり無いし、人生の折り返し地点で一旦答え合わせじゃないけど、各々の人生観を修学旅行の夜にでも語ると、新たな価値観を人生に見出せるかも知れない。独身の45歳のマドンナなどがクラスにいれば、久しぶりにバレンタインデーも心底楽しみにできる。

服もカバンもクツも学校規定のを使わなきゃ駄目なので、パッと見で誰が金持ちとかわからないから人間力が問われて大いに感じるものがあるだろう。

「楽しい」しかない。

ぜひ、「45歳でまた義務教育制度」を作って欲しい。

保健体育の授業は、超絶イヤらしい教材でお願いします。

◉幸せの決断

働き方改革によって残業とかが無くなったものの、早く家に帰っても嫁に小言を言われたりチャンネル権もないので家に帰らず、かといって飲みに行くお金ももったいないので困っているサラリーマンが多いというニュースを見た。

早く帰っても仕方ないからフラフラしてから帰るサラリーマン、という事で「フラリーマン」などと呼ばれているらしい。

ホンマ、何をやっとるんやと思いますね。忙しかったら「殺す気か！」と言うのに、暇過ぎたら「何したらえーねん！」となる。

もうちょっと自分で考えろよと思います。思いますが、気持ちはメチャクチャわかりますね。俺も腹ペコでイライラしながら王将に行って、持ち帰りで焼飯の大盛りと餃子と酢豚を頼んで結果食べ過ぎで腹パンパンになって「苦しい！　焼飯の大盛りなんか売るな！」と、よくなります。

幸せになるのは難しいです。

しかし人は皆幸せになりたい。では、幸せになるにはどうすれば良いか？　これについて考えてみたい。

僕の王将の件でいうならば焼飯を普通盛にするか、あるいは大盛りでも途中で「あ、これ全部食べるとヤバイ」とは思ったのだから勇気を出して残すべきだった。

もっと己を知り、己で決めるべきだったのだ。これができてなかった故に僕は腹が一杯になり過ぎて、空腹の苦しさとは当然苦しさの重みは違うのだけれども、お腹一杯で幸せ♪とはならなかった。情けない。

しかし言い訳をさせてもらうが、自分で決めるという行動には相当な体力を要する。

住居選びも「何かこの物件のココは不安ではあるけど決めてしまえ！」という部分は絶対にあってプレッシャーも凄くかかる。

車など高い買い物をする時も体力をかなり使うし、就職先を決めたり長期休暇願や退職届を出すなどの人生を左右する程の決断には途方もない体力を要する。しかし、幸せになるためにはこれらの大きな決断こそが必要で、そのための体力は残しておかなければならない。

しかし、ここからが言い訳だが、町には物が溢れ返り過ぎていて、我々は日々細かい決断の要求をされ続け、なかなか大きな決断にふみ切れない。

例えばトイレットペーパー。シングルかダブルかとかどうでもえー。

どうでも良いのだが、いざ聞かれると迷ってしまうやないか！

普通の梅干しとはちみつ入り梅干し。はちみつ入りなんか出すな。梅干しはすっぱい物という認識で生きてるのに、変にはちみつ入りとかがあると「え？　ちょっとぐらい甘い方が良いのかもな」と思ってしまうやろ！

決めなければいけない事を増やすな。

風俗。

60分コース、70分コース、90分コース。

いや決められへんって！

60分で充分やけど念のため70分か。でも70分いくならカッコつけて90分いったろかな？全くわからへんって！　決められないし決めたくない。


フラリーマンが可哀相だ。

本当は今の仕事を辞めたいのかも知れない。長期休暇願を出して長く休めば、また働く気になるかも知れない。しかし、勇気が湧かない。決断できない。

自分の早い帰宅を喜ばない妻、家族。別れた方が良いのかも知れない。寂しい思いをするかもわからないが、それはそれで自由そうだしそちらの方が幸せかも知れない。一旦別居？しかし俺がやり直したくなった時に妻はもう別の新しい男を作ってるかも……。勇気が湧かない。決断できない。

仕方ない。町には物が溢れ返り、決断の連続。幸せになるための重要な決断をする体力などない。だから僕は細かい決断に使う体力を温存するために、今決められるものは決めてしまおう。

少なくともトイレットペーパーはシングルで梅干しははちみつが入ってないのを買う。

風俗は70分だ。

「ごめんな。本当は90分いきたいねんけど俺時間無くて！」

の一言を添えて。

◉豪快とか簡単に言うな

僕は、僕の話をずっと僕の目を見て聞く後輩が嫌いだ。お前、誰に教わったか知らないが人の目を見て話を聞けと言われて、今俺の話を理解しようとするよりちゃんと目を見て聞いてますアピールをする意識の方が強いだろ？　それに、あまり長い間目を見続けられると、何か文句あんのかと思ってしまうのだ。

なので親しい後輩には俺の話はあまり俺の目を見て聞くなと伝えている。

後輩と旅行に行く時にもルールがある。宿代や交通費などは僕が出す。しかし、途中自販機で買うお茶やジュース代などは後輩に奢ってもらう。

少しくらいお金を後輩に出させないと気が済まない。じゃないと旅先で「吉田さん、ちょっとあそこ立ち寄りませんか？」という提案が後輩からあったとしても、1円も出さんと何言うとるんや、となり腹が立ってしまうのだ。後輩が少しでも出していれば、あぁコイツもちょっとだけでも一応金出してるから、僕もちゃんと人として向き合おうと思える。

他には居酒屋に行っても後輩にカクテルは頼ませない。居酒屋に来た目的は何なのか？酔って楽しく、時に熱く話す事だ。カクテルなんか酔っぱらうのに何杯もかかる。時間と金がかかり過ぎる。なのでよっぽどお酒が弱い奴でない限り焼酎以上の度数の酒を飲んでもらう。カクテルは甘くて美味しいじゃないですか、などと言われたら、「そんなもん昼間ジュース飲んどけ」と言う。

ジュースなら5分の1くらいの値段で飲める。断然カクテルの方が飲み易いのだけども、「まず酔う」という目標があるのだから、時間や金を考えると絶対に焼酎の方が良いのだ。

そういう事ばかりをしてるからか、すっかり後輩は僕の事を「細かい男」と思うようになった。きっと世間的な僕のイメージもそうだろう。

しかしそれは問題ではない。

問題なのは、豪快な男がモテて細かい男はモテないという風潮だ。

以前ある俳優さんが浮気相手とアパホテルに行ってポイントを貯めていたという話があって、「小さい男だなぁ」と言われたりもした。何をか言わんやである。

ポイントなど、ポイントカードさえ持っていればどんな状況でも貯めるだろう。

声を大にして言うが、豪快さなど細かい事の積み重ねをした男からしか出ない。

例えばボートレーサー。

レースでは命賭けの豪快なターンを決める。1億円の賞金がかかったレースに勝利して速攻で数千万円するランボルギーニを買ったレーサーもいる。

豪快だ。

しかし、一流のレーサーになればなる程細かい所にこだわる。舟に付いているプロペラの形を、レーサーは自分でハンマーで叩いて、よりスピードが出る形に調整するのだが、なんと0・3ミリの違いにまでこだわるらしい。

豪快なレースの裏で、大変神経質な事をやっている。

そういう事なのだ。

僕もTポイントは貯めている。

なのでTSUTAYAでDVDをレンタルしたものの、後1枚妻がまだ見られてないという時は「1日ぐらい延滞してもいいぞ」と言う。

豪快だ。

しかしそれは、チマチマとTカードを日々レジに提出するという作業の積み重ねで貯まったTポイントで延滞料を支払えば無料同然だからできるのだ。

思えば豪快で知られる昔の俳優さんなども、こと作品作りに関しては異常なこだわりを見せたという。細かいのだ。

なのでやみくもに奢りまくる先輩など何も豪快ではないのだよ、という話も俺は後輩にしている。

そういえば最近、後輩から連絡がないなぁ。

◉異常な街・東京

もう俺は東京に住んで10年程経つ。しかし家賃の高さには一向に慣れない。

高い。高過ぎる。少し自慢が入ってしまうが、俺が30歳の頃にはブラマヨは関西の民放4

局全てにレギュラー番組を持たせてもらえる様になっていた。その当時住んでいたのは大阪の上本町という所。

大阪以外の方には聞きなじみが無いかも知れないのでわかり易くいうと、日本全国の皆が知ってる、あの難波からタクシーで5分くらいの所だ。

なのでかなり良い場所。そこに12畳くらいのリビングと8畳くらいの寝室の、1LDKに住んでいた。46平米くらいだったと思う。オートロックもエレベーターも無かったがそここ綺麗で、3階建ての3階の角部屋で、家賃は7万円だった。

そして2005年、俺が32歳の時M－1チャンプとなり活動場所が全国になってあり得ない程忙し過ぎて、掃除も洗濯もできなくなってしまったので家の事を色々やってくれる人間が欲しいなと思っていた時、山口県から出てきた全く金の無い平松という後輩と出会い、俺は4LDKのマンションに引っ越し、1部屋を平松に与える代わりに掃除とか洗濯をしてもらう事となった。8階建てのライオンズマンションの最上階で、その階には2世帯分の部屋しかなく、俺ともう1世帯は歯医者の院長先生だったと聞いた。100平米は超えていた。要するに男2人で100平米のマンションに住んでいたのだ。

4LDKの内の一部屋は平松の部屋で俺はリビングと寝室。後2部屋余る。その内の1部屋は女性達と酒を飲む部屋にした。で、結局後1部屋は後輩が1度そこで女のコとHしただけで俺は1回も使わなかった。とにかく大きな物件に住んでいた。

ちなみにそれも上本町。

家賃は15万7千円か17万5千円かどっちか忘れてしまったがそれくらい。

当時は、「まぁだいぶ家賃は高いけど仕事のストレスも凄いし、店に飲みに行くのも面倒だし仕方ないか。だいたいがこんな大きな部屋なら家賃も高いよな。8階に住んでるのは俺と歯医者の院長なんだし、セレブ感もあるもんね」と、自分を納得させていた。

そして、だんだん東京でも認めてもらえるようになり、東京での仕事もメチャクチャ増えて六本木のホテルに年間百泊とかするようになったので、これはもう東京に住んでしまった方が早い、という状況になる。

そして、平松との同棲を解消した。

平松も、大歓迎の様子だった。

そりゃそうだ。2年も先輩と一緒に住むのは、いくら俺があまり家に帰ってこないとはいえ疲れるだろう。

ただ、俺的には凄くさみしかったが、とにかく東京で一人暮らし用のマンションを探した。

どうせ東京に住むなら東京の各テレビ局にタクシーで30分以内に行ける場所に住まないと意味がないと思ったので、不動産屋さんにその旨を伝えた。

その頃は年間で休みが3日とかしか無かったので物件を見て回る時間など当然無い。なので弱いツテを頼って知り合いの知り合いの不動産屋さんに条件を伝えて物件を探してもらった。俺からの条件は4つ。

東京の各テレビ局にタクシーで30分以内。駐車場付きである事。壁が薄くない事。1DK以上。この4つ。

こんなもの、地方出身者の俺からしたらすぐに見つかると思うのだが、さすが東京。なかなか無い。ならば六本木ヒルズとかになってくるらしい。そんな所に住めるワケもないので、今思えばかなり不動産屋さんは頑張ってくれたと思う。

そんな条件にもかかわらず、しばらく経ち、一軒、芯くったマンションを見つけてくれた。場所は東京都港区の三田。三田などは地方出身者の俺からしたら聞いた事も無かった。

東京以外の方には聞きなじみが無いかも知れない。わかり易くいうと日本全国の皆が知るあの六本木からタクシーで10分くらいの所だ。

とにかくその三田に、46平米くらいの、俺が出した条件にピッタリの物件を見つけてくれた。間取りも俺が30歳の時に住んでいた7万円の物件と驚く程似ていた。

内見中、家賃を聞いた。

「駐車場代は別で、20万円です」

反射的に不動産屋さんのアゴを殴ってやろうかと思った。

俺は大阪のかなり良い町である上本町で、ほとんど全く同じような部屋を7万円で借りていた。よく「東京の家賃は大阪の倍するよ」とは聞いていたが、上本町からの東京ならば1・5倍くらいのものだろうと決めつけていた。

確かにオートロックとボロボロのエレベーターは付いていたが、それにしても3倍はおかしい。騙されてると思った俺は「ちょっと待って下さいよ〜」という下からの話し方をしてみたり、「あり得ないだろ！　新築でもないしエレベーターもボロボロだし、俺からカモろうとするな！　あんたそれでも俺の知り合いの知り合いか！」などとかなり高圧的な言い方をしてみたり色々と織り交ぜて交渉した。

しかし、少し太って眼鏡をかけた、いかにも人のよさそうなその知り合いの知り合いの不動産屋さんは目に涙を浮かべて、「俺ブラマヨさん大好きなんで一生懸命、ここ数日ずっと吉田さんの条件に合う物件を探してました。その条件ならこの物件、20万ですがかなり安いんです。それが、それが東京なんです！」。

大の大人が2人して、東京の三田で泣いた。

異空間に迷い込んだ気がした。

人生で初めて、エルメスのお店に入った日の事を思い出した。お尻にできた大きなできものを日常生活が送れなくなるくらいまで放っておき、あまりに痛かったので病院に行ったら「これ、まず麻酔なしでメス入れるしかないで」と言われ、麻酔なしで体の一部をメスで深く切られた時を思い出した。それくらいの衝撃だった。

たかだか46平米のマンションに毎月20万円も払えという東京。

「よし、やってやろう！」という気持ちよりも、何だか悲しくなってしまった事を覚えている。だって、田舎なら20万円あれば普通に、そこそこの間取りの部屋を借りて生活までできますから……。

しかし、東京に人は増え続け、田舎は過疎化が進んでいる。

田舎では、金曜日の夜7時のファミリーレストランでさえ空席が目立つこともある。東京なら絶対に数十分以上は待たなければならないだろう。

家賃はとてつもなく高いし、どこに行っても混んでいるのに、なぜみんな東京に住むのだろうか？

当然「職場が東京だから」だ。

俺だってそうだ。田舎に東京と同じくらい仕事があれば田舎に住む。一極集中の方が合理的ではあるのだろうが、人口密度は少し度を超してないだろうか？

結局大都会で日々雑踏の中を通勤し、そこそこの稼ぎがあるにもかかわらず贅沢はできない。そして連休があればあえて田舎に旅行に行く……。

それって、おかしいと思う。

なので日本政府は、もっと強引にでもこの東京一極集中を改善せねばならない。

そこで、俺から提案がある。

「貯金額が10億円を超えてる人は、東京から追放すべきだ」

芸能界なら48の創始者のあの方やお笑いならBIG3の方。アーティストや俳優さんなどを含めたらいくらでもいるだろう。

そういった方々には大変申し訳ないが東京から出て行ってもらう。そうすれば、そんな方々はどうせ今はもう金の為に働いてはいないだろうから、「よし、東京から名誉の追放をされて島根に来た。しかしまだまだ頑張れるからこの島根を大きくしてやるぜ！」と思う筈。

芸能界に限らず、あらゆる分野の貯金残高10億円以上の人を東京から追放する。

才能を分散させるのだ。

10億以上持ってる人はもう金の為に働いていない。「俺が一番だ！」というプライドや義理、己対己で仕事をされていると想像する。

しかし、それらの気持ちを満たす事は東京じゃなくてもできる。

芸能人でいえば、島根に住みながら、東京の貯金残高10億に届かないスタッフに、自分が出演する事によって恩返しになるのなら島根まで来てもらって撮影をすれば良いだけだ。経済も回る。

だいたいが10億も残高がある人ならどこかで誰かに「もうやめなさい」と強制的に言われたいところもあるかも知れない。

とにかく、才能を強制的に分散させる。

そうする事でその散らばった実績ある才能達が、各地を発展させる可能性が出てきて、東京だけが全てではなくなる。

ちなみにもしも、まかり間違ってM－1のネタの権利をディズニーが数十億で買いたいとかが起こって俺に10億円以上の貯金ができたなら、白浜のある和歌山県、もしくはボートレース三国やあわら温泉のある福井県を希望します。

◉シックスパックは偉いのか？

最近は糖質制限ダイエットというのが流行っている。

なんでも、米や麺類を控えた方が痩せられて、シックスパックのような筋肉質な体になれるみたい。

そりゃね、僕だって人生で1度くらいは腹筋バキバキの体になってみたいなぁとは思う。きっと多くの男は「ギターが弾けるようになりたい」とか、「男1、女2の3Pがしてみたい」などと同じように、シックスパックへの憧れは持った事がある筈だ。

しかし、それを手に入れる為には筋トレはもちろんの事、米や麺まであまり食べない方が良いというのが糖質制限。

実際僕の後輩にも何人かマッチョ芸人がいるが、ラーメンなどもう何年も食べてないという奴もいる。

もっと言うなら、そういったマッチョ系芸人がまともに普段我々が食べているようなとんかつ定食とかチャーハンと餃子セットなんかを食べている場面も見た事がない。

プロテインとか大量の野菜サラダを食べているのは何回も目にするが……。

すなわち、カッコイイ体を手に入れるにはご飯や麺類を断たなければならない。

これは本当にキツい。

特に俺などはご飯が大好きで、温泉旅館なんかに泊まりに行くと、朝食に炊きたてのご飯がおひつに入って出てきたりして茶碗に3杯とか食べる。

むしろ、炊きたての白米があればおかずなど何でも良いくらいだ。

高級なハムを10枚食べるより、安物のハム1枚をおかずに炊きたて白メシを2杯食べたい。

それくらいお米が大好き。

ラーメン屋さんに行っても、ラーメンだけを注文した事は今までに一度も無い。

必ず白メシかチャーハンを付ける。

シックスパックに憧れているにもかかわらずだ。こんなもの、糖質制限をして尚且《か》つ体を鍛えてる奴からしてみたら、雪山で裸でアイスクリームを食べながら「なんでこんな寒いねん」と泣きながらボヤいてる人間を見てるようなものだろう。

しかし、そうは言っても俺はシックスパックになってみたいし、糖質制限もしたくないのだ。

これは、大変に不条理な事を言っているのはわかっている。

働かずして金持ちになりたいと言っているのと同じだし、お風呂に入って綺麗になりたいなぁと願いながらハンマーで湯船を叩き壊しているのと同じだ。

しかし、ハンマーが止まらない。

もう、20年くらいハンマーが止まらない。

ここは一旦冷静になって考えてみる必要がありそうだ。

一度客観的に筋肉マンとぜい肉マンの気持ちになって考えてみよう。

筋肉マン（以下、筋）「よう、ぜい肉マン。相変わらず見苦しい体をしてるなぁ」
ぜい肉マン（以下、ぜい）「あぁ、筋肉マンさん！　おっと、思わず『さん』付けしちまったぜ。改めて、筋肉マン、何の用だ？」
筋「お前さ、その体なんとかしようと思わねぇの？」
ぜい「思わねぇな。何様のつもりだテメェ。あ？」
筋「全く……。本当にぬるい奴だなお前は……」
ぜい「お前だって旨いもの食いたいくせに食べないなんてバカか？」
筋「何言ってやがる。トレーニングして食事制限は確かに辛い。だが見てみろよ、このシックスパック。自分に勝たなきゃ手に入らねぇ。俺には達成感があるんだよ！」
ぜい「俺には満腹感がある」
筋「何だと……。しかし人生は達成感を得る事が目的だ。俺の方が幸せなんだ！」
ぜい「これだから筋肉バカは困る。達成感など他の事でも得られるだろう。俺はそんな所に価値を置かない。達成感は仕事でも感じられる。いい仕事をした後に飲む酒と、その後に食うラーメンは最高だぜ！　ケケケケケッ。お前、ボディビルダーにでもなるつもりかよ？　ボディビルダーならわかるよ。それが仕事だからな。でもお前はどうよ？　達成感？　笑わせるな！　ただ女にモテてSEXしたいだけだろうが！」
筋「クッ……。お前が言っているのは逃げだ。お腹いっぱい美味しいものを食べたいという欲望に勝ち、厳しいトレーニングに打ち勝ってこそ、仕事で勝てる。シックスパックになった人間は己との戦いに勝ったのだから仕事でも負けない！」
ぜい「関係ない！　仕事以外の事でのストレスをゼロにしておいた方が仕事に全体力を捧げる事ができる。だいたい仕事というのは対人関係も大切だし展開も流動的だ。不条理な事もあるだろう。大変に難しい物事といえる。確かに食事制限して厳しいトレーニングをすればシックスパックになるかも知れない。しかし生きるというのは、仕事というのは努力が必ず報われるとは限らねぇ。そこから逃げているのはむしろお前の方なんだよ！」
筋「グムム……。し、しかし女子とのH、これは絶対にこちらが有利だ！　締まりのない体をした上司が、引き締まった体の部下に狙っていた女のコを持っていかれるというのはよく見る光景だぜ？　シックスパックの方がHできるんだよ！」
ぜい「グアアアアアアッ!!　オエッ、オエッ、オエッ……。ヒイ、ヒイ、ヒイ……。ゼエ、ゼエ、ゼエ……。しかし、しかしだ！　ゼエ、ゼエ、今はAVだって綺麗なコがいっぱい出てるし、ゼエ、ゼエ、一人エッチグッズだってスゲェのがたくさんあらぁ。ゼエ、ゼエ、野菜だの魚だのばっか食って、ゼエ、ゼエ、激しい運動までして射精のほんの数秒がご褒美って、お前、お前ホントにそれでいいのかよ？　ゼェ、ゼェ、俺はな……俺は食いてぇもん食ってオナニーで充分なんだよぉ!!」

筋、ぜいを殴り返す。

ぜい、筋を殴る。

２人、大の字に横たわる。

ぜい「ハァ、ハァ、なぁ筋肉マンよぉ」

筋「ハァ、ハァ、なんだよ？」

ぜい「俺ぇ、やっぱお前が羨ましいわ……。やっぱ、お前カッコイイもん。なれねぇよ、お前には……」

筋「フフッ。何言ってやがる。俺の方こそお前が羨ましくて仕方ねぇよ。頑張る時はビシッと頑張って、食いたいもんをたらふく食う。それでこそ人間じゃねぇかな。俺達の祖先は後世を生きる俺達に、そんな世界を作りたくて頑張ってくれてたんじゃねぇかなぁって思うんだ。食いたいものも食えねぇ時代を、後世の俺達に残してたまるかって先人の思いを、俺は無視してんじゃねぇかなって。野性の向こう側ってのかなぁ……」

ぜい「なぁ筋肉マン」
筋「ん？」
ぜい「この勝負……」
2人「引き分けにしねぇか？」
筋「……揃ってんじゃねぇぞ？」
ぜい「お前が合わせてきたんだろうが？」
2人「ワッハハッハッハー！」

あぁ、何という事でしょう。

勝負は引き分けとなりました。

しかし、どうやら2人の対決理由を集約すると食欲と性欲といえそうです。

そして、人間の三大欲は食欲、性欲、睡眠欲といいます。

すなわち、食欲と性欲、どちらか1つしか盤石なものを得られないとするならば、残された睡眠欲。

この睡眠欲を満たせていれば、少なくとも2勝1敗にはできるのではないでしょうか。

したがって、シックスパックに憧れてはいても食べたいものを食べてしまう僕のような方は、最低でも充分な睡眠をとる事。

この解になります。

●Nintendo Switch

僕の誕生日に妻がＮｉｎｔｅｎｄｏ Ｓｗｉｔｃｈを買ってくれました。

なんでも、「ゼルダの伝説」のＣＭがテレビで流れる度に、僕は全ての作業を一旦中断し、これこそが羨望の眼差しだという顔でそのＣＭを食い入る様に見ていたそうです。

おそらく、臨時コーチにやってきた松井秀喜氏を見るジャイアンツの新人選手の様な目をしていたと思います。

なので、お値段こそそれなりにしますが、何をプレゼントすればこの男は喜ぶかというのはわかりやすかったと思います。

そんな流れもあり、妻はなけなしの自分の小遣いを切り詰めてＮｉｎｔｅｎｄｏ Ｓｗｉｔｃｈ本体を何とかして手に入れ、「ゼルダの伝説」のソフトまで付けて僕にプレゼントしてくれました。しかし……。

貰った時の感想を正直に言います。

あまり、嬉しくありませんでした。

「いつやんねん！」と思ってしまいました。

僕は冒険物のゲームをやる時は、1日に5時間とか6時間とかやらないと気が済まないタイプなんです。1日1時間だけとかなら最初からやらない方がマシ。

まだまだやりたいのを取り上げられる方が辛い。きっと僕の前世はイケメンの当て馬（雌馬の発情をうながすためだけの雄馬）で、いざ挿入！という時に何度も何度も引き離されるという辛い思いをしてきたのだと思います。

とにかくゲームをいざやるとなったらとことんやりたい。僕は自分にはそういうどうしようもない癖があるというのを知っています。だからラッピングをほどいてSwitchとゼルダが出てきた時は「やったー！」とは言いましたが、心中素直には喜べませんでした。

「あぁ、できねぇ……」という気持ちの方が強かった。

「転売屋に得をさすなよ！」ともちょっと思いましたね。

当然妻は、僕を喜ばす事しか考えていなかったと思います。なので気持ちは嬉しいけどSwitchはマズイ、仕事に影響しかねない！と思ったのが正直な感想です。

これって、メチャメチャ複雑な感情です。目の前に熱々の旨そうなカレーライスを用意してくれたけど、スプーンという名の時間が無い。

何とか頑張ってスプーンを用意したとしても、そのカレーライスを旨そうにバクバク食いまくっていたのでは仕事がおろそかになり、数年後にはカレーライスそのものが、それどころか福神漬けさえ用意できなくなるかも知れないという不安感が出てきそう。

普通は、目の前に熱々の旨そうなカレーライスを出されたら、1時間で消えてなくなる半端なスプーンで毎日少しずつでも食べたら良いと思います。

でも僕は食う時は熱々のうちに全てをガッツリ食ってしまいたい。だからＳｗｉｔｃｈの電源を入れたが最後、カレーライスの事ばかり考えて日々の生活を送る事になるだろうというのが目に見えていたので、僕は貰ったはいいもののＳｗｉｔｃｈを開封する事なく昨年を過ごした。

時々、妻は家で嘆いていました。

「Ｓｗｉｔｃｈ、あんなに欲しそうだったのに全然やらないね？」

「ネットの評価見たけど、ゼルダに出会えて良かったたっていう40代男性のコメントあったよ」

「忙しい人にあげるプレゼントって、難しいね……」

僕は、「まぁまぁ」などと相づちを打っていましたが「そりゃあやりたいけど、やり込んでしまったら仕事で下手打ってお前らを路頭に迷わす事になるかも知れないんだぜ？」と思っていました。

できるだけカッコ良く書きましたが、俺どんだけゲーム好きやねん！　ってだけの話ですが、その時の僕は本当にそんな気持ちでした。

そして年が明けて正月休み。妻と幼稚園の息子を連れてショッピングセンターに行きました。

「スーパーマリオ　オデッセイ」というSwitchのゲームが「これをやらない奴はバカだ」と言わんばかりにショッピングセンターのゲーム売り場に爆並びしていました。

それを見た妻が僕に言いました。

「これ、メッチャクチャ面白いらしいよ。ママ友の○○さんの家も家族でハマってて何でもマリオがどーのこーのあーだこーだ」と言ってきたので、

「じゃあゼルダはさすがに俺がゼロからやりたいからマリオ買うわ。ほんでマリオをお前息子とやったら？」と妻に言いました。

「いいよ、いらない。あのSwitchは敬くんのやから。それにマリオ買いにここに来たんじゃないから」

「えーから買うぞ！　Ｓｗｉｔｃｈの画面も見てみたいから」

というやり取りがあって、「スーパーマリオ　オデッセイ」を買いました。

その日の夜、「ＮｉｎｔｅｎｄｏＳｗｉｔｃｈはお前がやりたかっただけちゃうんか！」と言いたくなるくらい妻はやっていました。

その次の日の夜も、そのまた次の日の夜も。

わずか数日後には「スプラトゥーン２」なるゲームソフトを買ってきて、埼玉に住んでいる妻の姉や姪っ子とインターネット対戦までしています。

最近の僕は、それをこたつに入って酒を飲みながら見ています。

そして時々その「スプラトゥーン２」のネット対戦画面を見て、「え！　姪っ子の○○ちゃん6歳でそんな事できんの!?」などと、肩までこたつに入って焼酎をグビグビ飲みながら叫びつつ感動してます。

で、近頃はもうゼルダのゼの字も妻の口からは出なくなり、先日妻が外出中に僕も「スプラトゥーン２」を1人用でちょっとだけやりたくなって恐る恐る電源をつけようと思いましたが、変に触ってデータが飛んでもまずいと思い自粛しました。

きっともう、Ｎｉｎｔｅｎｄｏ Ｓｗｉｔｃｈは僕のものではなくなっていると思います。

でもまぁ僕はＳｗｉｔｃｈをやっている家族を見るのが本当に好きだし、その時に飲む酒も旨い。

なので、えーそのー……結果的に素敵なプレゼントをありがとうと言いたいですね。

◉愚痴ることの大切さ

この項を書いている正に今、今日は僕はお休みです。昨日は朝7時30分くらいの新幹線に乗ってそこから夜8時まで仕事でした。

で、本日は休みで明日は朝の5時からまた仕事です。

いいかげんにしろよと、怒りで体が震えます。朝の5時入りという事は夜中の3時30分に起きなければならない。

という事は、俗に健康的と言われる8時間睡眠を取ろうと思ったら夜の7時30分に寝なければならない。

昨夜は帰宅したのが夜9時過ぎで、翌日は休みだからと存分に酒を飲んだ。

これは当然許される行為だ。

1人で延々と家飲みをした。

録画していた自分の番組を見て、自分の番組内での発言に爆笑したりしながら酒を飲んだ。爆笑しながらも画面内に俺の発言で笑っていない共演者を見つけては殺してやりたいと思った。

いくつか自分の出演番組を見終わったら、何故だかザ・ブルーハーツが聴きたくなったので、スマホで「やっぱブルーハーツって最高だな」と思いながら視点をどこに合わすでもなく、ただただ聴いて感動していた。

酒こそ飲んでいるが、やっている事は30年前と何も変わってないなぁとは一瞬思ったが、酒が入っているとやはり感性が鋭くなる。

当然飲み過ぎると駄目だが、いい感じの時はニュースなんかを見ていてもシラフの時なら「この政治家バカなのかな？」くらいのものが「この政治家ホンマにバカか！　何でこんな奴が議員になれたのだ？　こいつの選挙区の住民は何を考えてるんだ！」くらい熱い思いになる。その感覚になるのが好きで俺は酒を飲むのだが、ちょうどその状態の時にブルーハーツの「チェインギャング」という歌の「一人ぼっちがこわいから　ハンパに成長してきた」という歌詞が俺の心にブッ刺さって抜けなくなったので、そのタイミングで寝た。それが朝

6時過ぎで、720㎖の焼酎は丸々一本空いていた。

そして、今に至る。今夕方の4時10分。

今日は昼の1時過ぎに起きてちょっとダラダラしてたらこうなった。

明日、8時間寝てから仕事に行こうと思ったら、後3時間で寝なければならない。

今日という休日を意識していられるのは何と6時間30分だけで、その間この様にコラムを書いているのだから実際の体感休日はもっと短い。

今、俺は愚痴っている。こうして愚痴なんかを言おうものなら「自分で選んだ道なんだから、嫌なら仕事辞めればいいじゃん」などと簡単に言う人がいるが、それは大変に短絡的。

「ウンコがそんなにしたいなら今ココですればいいじゃん」と言っているのと同じ。

いつかどこかでトイレを見つけるまで我慢しますやん。

ただ、屁くらいこかせてくれよ。

愚痴という名の屁くらいこかせて欲しいのだ。誰しもが経験ある事だと思う。ウンコがメチャクチャしたいと思ってたけど案外おならを一発こいたらスッキリした、みたいな事が。

なのに日本は「人前で愚痴を言うな」とかの意見が多くて厳し過ぎる。

屁をこいて楽になれる可能性があるのを知っているなら、たまには他人の屁も聞いてやれよというのだ。

ただもちろん、屁のし過ぎもまた良くない。あまりにも頻繁に屁ばっかりこく奴がいたら、それはもうお前早くトイレ探しにどこかへ行けよ、となる。

そしてまた、屁も水っぽい、ウジウジと湿ったような屁ではなく、聞いている方も思わず笑ってしまうような朗らかな屁の方が望ましい。

あゝ、愚痴を屁に喩えただけで、俺の休日は終わっていった……。

◉俺のクレジットカード・前編

忙しい日々を過ごさせて頂いている。

先日も早朝5時にお台場のフジテレビに集合して、そこからロケに行く仕事があった。朝5時入りという事は起床は3時30分。そんな時間はいつもガンガン酒を飲んでいる時間なので、僕からしたら有り得ない。

仕方なく割と早い時間から酒も飲まずイライラしながら布団に入っていたが、深い眠りにつけるワケもなくほとんど徹夜の状態でタクシーに乗った。

フジテレビまで20分程かかるので、その間だけでも寝たいなぁと思ってうつらうつらしていて、ふと窓を見ると運転手さんが変な道を走っていた。確かにこの道でもフジテレビまで行けるが死ぬ程遠回りバージョンだ。

「何でこの道で行くんですか……」

不機嫌に俺が言った。

「この道しか知らなくて……」

と言われたが、機嫌良く「いいっスよ！　最初に言わなかった俺が悪いんです」とは言えなかった。

以後は車内で寝るなどできず、僕は後部座席からしんどそうに道を指示した。

そうしてフジテレビに着いた時、運転手さんは「今回は本当に申し訳ありませんでした。お代は結構です」と言ってきた。

びっくりした。

こういう時、遠回りした分の5百円程引いときますとかは今までも言ってもらった事はあるけど、全額いらないというのは初めてだった。金額も4千円くらい表示されていた。

確かに遠回りこそされたけど、早朝という事もあって時間のロスでいうと5分も無い。

僕はむしろ、こんな優しい運転手さんに少し不機嫌に話し過ぎたな……などと反省しながら「そこまでのミスじゃないです」と言ってクレジットカードで支払った。

しかしながら4千円は大きく、このまま払わないでやろうかという悪魔の囁きもあったが、僕は脳の中の主力な細胞達をかき集めてその気持ちを蹴り飛ばした。

こうして何となくタクシーで一悶着あり、フジテレビに到着してその日は夜までロケをした。

そしてロケが終わり、家の近所のコンビニで買い物をしようとして、レジでクレジットカードを出そうと思ったら、無い。

クレジットカードが無いのだ。

とりあえずその場は現金で支払い、家に帰ってズボンのポケットからジャンパーのポケット、財布はもちろんカバンの中のノートや雑誌のページの間までありとあらゆる所を探した。カバンの奥からむき出しのフリスクが埃まみれで1粒出てきて、俺はそいつをゴミ箱に叩きつけた。

今までも何度かあった。

財布にないと思ったらひょっこりジャンパーのポケットから出てきたり、ズボンのポケットから出てきたり……。俺のクレジットカードにはそういう良くいえば小悪魔的な、悪くいえば少し心が疲れただけで家出癖を出してしまうB型の女の様な所があった。

しかし、今回ばかりは本当に無い。

もう一度カバンの中を探したが、埃まみれのむき出しのフリスクがもう1粒出てきただけで、「フリスクのケースに改良の余地ありだな」となぜかそんな余計な事を思いながら、そいつをまたゴミ箱に叩きつけた。

その時、心当たりを思い出した。

早朝のタクシーだ。

今回支払いの時、通常では行われないやり取りがあった。僕は脳の主力な細胞達を、4千円このままもらってしまえという悪魔の囁きを蹴り飛ばす事にのみ使っていたので、運転手さんからカードを返してもらって財布に戻した記憶がない。

ひょっとしたら運転手さんも気が動転して、カードを僕に返すのを忘れていた可能性はないだろうか。そして、僕をフジテレビで降ろした後、少し走ってからその事に気付いて、フジテレビの受付の人に預けに戻ってくれていた可能性はないだろうか。あの運転手さんは優しかった。

僕はまずマネージャーを通してフジテレビの受付に問い合わせてもらった。だいたいその時点で夜7時頃だった。すぐに返信があり、俺のカードを届けに来た運転手さんはいなかったそうだ。

本当かよ？

パクったんじゃないだろうな？

もしパクってたならお昼の生放送の「バイキング」で思いっ切り言ってやる！

と一瞬思ってしまったが、今は他にやらなければならない事がある。

次に急いでタクシー会社に電話した。

「クレジットカードを朝乗ったタクシーに忘れたかも知れないんですけど！」

電話に出たおじさんはもう本当にそんな奴ばかりでうんざりだといった口調で、「はい。乗られたタクシーの車番わかりますかぁ？」と聞いてきた。僕は必ず領収書をもらうのでスラスラと答える事ができた。少し褒めてもらえると期待した。そして向こうの手間を1つでも減らせたのだから、コイツのカードは真剣に探してやると思って欲しかった。

しかしおじさんのトーンは全く変わらず、「はい。調べて折り返し電話します」とあっけなく言われた。少し、車番をスラスラと言い過ぎたのかも知れない。俺は領収書を取る程の男なのだから車番くらい楽勝ですよ感を出し過ぎた。他人に迷惑をかけている男の車番の言い方ではなかったと思う。調子に乗っていた。

10分程経ち電話があり、やはり車内を見たがない事と、朝僕を乗せてた運転手さんはもう交代で帰ってしまっているけど、その様な忘れ物の報告も受けていないという事を言われた。

それでも僕は粘った。

とにかくその日、コンビニまでの間にカードを使ったのはそのタクシーの時一度だけだし、財布さえ触ってもない。僕は車番の言い方の時のようにならないよう丁寧におじさんに説明した。

「早朝そちらのタクシーに乗せてもらってフジテレビに送ってもらったのですが、運転手さんが一度道を間違えられて……。それで降りる時にお代はいらないと言ってくれたのですが、僕はそれはそこまでのミスじゃないから払いますというちょっとしたやり取りがあったので、運転手さんが動転してそのままカードを返し忘れ、ひょっとしたら今もそのまま持っていて僕に返そうとしてくれてるんじゃないかなぁと思ってまして……」

すると明らかにおじさんのトーンが「ほう」となり、道を間違えたのはこちらのミスだがこの客はしっかり金を払ったのか。やるじゃないか。ならば可能性は低いが今一度考えてやろうという感じになった。……気がした。とにかく声の調子が上がり、「なるほど、ただその運転手はもう帰宅していて、明日も早朝から勤務があるので今の時間は寝ていると思います。なので明日の朝また電話を差し上げる形で良いでしょうか？」と言ってくれた。

可能性としてはとても低いように思うが、乗った時から感じの良い運転手さんだった。道こそ変なルートを行ってしまったが謝り方や全額いらないという決意表明、僕はあの運転手さんなら「優しいけどうっかり」があるかも知れないと思っていた。

そして次にカード会社に連絡した。

幸いにも誰かに使用された形跡もなく、僕は事情を説明して、一旦カードを止めてもらう事にした。明日のタクシー会社からの電話次第で、再発行の手続きをするか決める。カードで定期的な引き落としをしている所に連絡などをしないといけなかったりするので、再発行はメンド臭いのでしたくはない。

◉俺のクレジットカード・後編

いよいよ翌日の朝9時に、タクシー会社から運命の電話があった。昨夜のおじさんの声だ。僕は今年かかってきた電話の中で一番気持ちを込めて、「もしもし」と言った。

すぐにおじさんは話し出す。

「吉田さん、結論から言いますと」

どちらだ？　どちらとも取れるトーン。

「ありました」

脳の中で快楽物質が大量に放出されたのがわかった。

僕は、電光掲示板に世界最高得点が表示された時のフィギュアスケート選手と同じ気持ちになった。と同時に、朗報を変に焦らすような言い方をしないこのおじさんを頭の良い人だと好感を持った。

フィギュアの高得点を出した選手がコーチに対してするように、このおじさんを抱きしめたいと思った。電話の向こうでおじさんも笑顔になっているのが見えた。

そしてまた見つかり方が凄い。

「今朝運転手に聞いたら運転手はカードを持ってはいなかった。で、昨日その運転手は吉田さんをお台場で降ろして次の客を目黒で乗せた。もし吉田さんが車内にカードを忘れていったとしたら、次の客を乗せる為、目黒でドアを開けた時に車外に落ちた可能性なら少しある。薄い可能性ではあるが先程運転手がその目黒で客を乗せた場所まで見に行ったら、なんと道にカードが落ちていたそうです！　吉田さん、これは奇跡です！」

おじさんは興奮していた。

僕もおじさんの興奮に負けないように、「ありがとうございます！」と叫んだ。

僕が思っていた通り、いや僕が思っていた以上に、昨日の運転手さんはいい人だった。

僕は見つかったクレジットカードを送ってもらう為に住所を伝えて、心の底からお礼を言って電話を切った。

世の中本当に捨てたもんじゃない。色々嫌なニュースばかりをテレビはたくさん流すけど、そんな事の方が実はごく一部なだけで、この国の多くは優しさで溢れている。そんな温かい気持ちに包まれながら、次にカード会社に電話をした。昨日カードを紛失したかも知れないという電話を入れていたので、見つかった旨を伝えなければならない。カード会社の人も喜んでくれるだろう。カードが見つかった経緯まで説明したら、カード会社の人の気持ちまで幸せにする事ができる筈だ。

僕は意気揚々とカード会社に電話をして、見つかったのでまた今日から使えるようにして欲しいと伝えた。

返ってきた言葉は自分の耳を疑うものだった。

「見つかったとはいっても、一度吉田さん以外の第三者の手に渡っているのでカードを作り直してもらう必要があります」

頭の中に、少ない可能性に賭けてわざわざ目黒まで確認しに行ってくれた運転手さんが浮かぶ。

「いや、ちょっと待って下さいよ！　タクシー会社の人が僕のカード番号を控えて使うかも知れないという事ですか!?」

「それはわかりませんが、他人の手に渡ってしまったカードは使えなくなります」

頭の中にタクシー会社の電話のおじさんの声が蘇る。

結論から言いますと、ありました。

吉田さん、これは奇跡です！

僕はスマホの向こう側に叫んだ。

「絶対に大丈夫と思います！　見つけてくれた人達はそんな悪い人じゃないです！」

「でもね吉田さん、一日外に落ちていたなら、誰かがカード番号だけ控えて後で悪用するという事も考えられます」

返す言葉は無かった。

相手はクレジットカード会社。当然カードのプロなので、今までにもそういう多分大丈夫な状況からの事件なども経験しているのかも知れない。

それに、よく考えたら俺のクレジットカードの見つかり方も不自然だ。奇跡が過ぎる。ひょっとしたらやはり支払いの時に普通に俺に返し忘れて、俺がそのまま気づかなかったらタイミングを見て悪用しようとしていたかも知れない。俺の車内で忘れたカードがドアを開けた時に車外に落ちて、そのまま一晩経ってもそこに有り続ける可能性よりも、あわよくば悪用しようとしていた可能性の方が高い気がしてきた。

いや、あの運転手さんに限ってそれは無いか。直接俺は対面して話していて、そんな人には思えなかった。

しかしタクシー会社の電話のおじさんはどうか？　電話で話しただけで顔も知らない。運転手から引き取ったカードの番号を控えて、頃合いを見てネットで何か買い物をする気だったのではないか？　あるいはそういった忘れ物は俺だけではない筈なので、ひょっとしたら悪の組織で番号を買い取ってくれる所があって、あの電話のおじさんは時々そうやって拾ったカード番号を売って自分の小遣いの足しにしているのではないのか！　昔からよく言うではないか。悪魔は天使の顔をしてやってくると……。

僕はカード会社の人にそれ以上の交渉は諦めて、自分でも驚く程の冷酷なトーンで言った。

「速やかに、新しいクレジットカードの発行をよろしくお願いします」

その日とその翌日は伸び伸びと過ごせた。もっぱら現金払いだったが、それはそれでスムーズに感じる時もあった。

何よりも、カードを悪用される心配がなかった。

世の中は詐欺事件で溢れかえってる。

こんなにも詐欺には気をつけましょうねと言われ倒しているにもかかわらず、騙される人が後を絶たない。なぜか？

詐欺師が巧妙だからだ。

決して詐欺師などと思わせない。むしろ一旦は自分に寄り添ってくれるフリさえもするだろう。

あのタクシー会社のおじさんの電話のトーンは完璧だった。

そして更に翌日。

僕の手元にタクシー会社からクレジットカードが届けられた。

やけに封筒が分厚い。

中を開けた。

俺のクレジットカードが俗にいうプチプチ、よく割れ物を包んだり、クッキーの缶に入っていたりする正式名称を「気泡入り緩衝材」というらしいが、それに二重にも三重にもくるまれていた。

配達の途中で俺のカードが割れないように……。

僕はその場で膝から崩れ落ち、四つん這いの姿勢で泣いた。

カード会社の、新しいカードを作れという提案には賛成だ。しかし、俺はそれを受け入れる為にタクシー会社の人を頭の中で悪者にしようとした。繋げなくていいものを、自分を納得させる為だけに繋げようとした。

それは大いに反省し、明日に生かすしかない。

この世は捨てたもんじゃない。

優しい人がたくさんいる。

一昔前のクレジットカードのＣＭのキャッチコピーではないが、今はもう使えなくなったそのカードを見て俺は呟く。

「プライスレスなものをありがとう」

解　説

中野量太

僕は、ブラックマヨネーズ・吉田敬のことを、吉田君と呼ぶ。なぜなら、京都の高校で二年間（二年、三年）クラスメートだったからだ。だからと言って、毎朝「おはよう」と挨拶するほど仲良しだったわけではない。あの頃の僕が持っている吉田君のイメージは、教室の端っこで何やらシコシコ面白い事をやっている人。もっと言えば、誰も見たこともないようなエロ本を持参し、友達に見せて尊敬されている人（↑あくまでもイメージです）。

一方、僕はと言うと、クラスの明るいグループの中のちょっと変わり者、そんなポジションだったかな。

クラスメートだった二年間で、僕と吉田君が最も関係を持ったのは、きっと二年生の文化祭の時だと思う。母校の文化祭は少しユニークで、クラス対抗で演劇を行うスタイルだった。僕らのクラスは『必殺仕事人』のパロディーをやることになった。簡単にストーリーを説明すると、代官の悪行を正そうとした水戸黄門が逆に殺されて、娘が必殺仕事人に復讐を依頼する、そんな話だったと思う。その中に、代官が水戸黄門の娘を引っ捕らえ、いやらしい顔で手下に向かって、夜はベッドを用意しておけと命令するシーンがあった。我がクラスで、こんなエロ悪代官をいったい誰ができるのか？　高校生にこんな役が務まるのか？　確か、すんなり吉田君に決まったはずだ。ある意味では、クラスで一目置かれていたのだと思う。

数ヶ月間、放課後や休み時間に、稽古や準備を重ね、いよいよ文化祭本番の日を迎える。順位が決まるので、どのクラスも必死だ。でも正直、素人同然の高校生なので、緊張で上手く演じられない人も出てくる。そんな中、高校生らしからぬ圧巻の演技を披露した人がいた。前述のシーン、手下に向かって、夜はベッドを用意しておけと命令した後、吉田君は腰をクネクネグリングリン動かしながらこう言った。

「もちろん、回るやつじゃぞ〜」

その瞬間、観客は爆笑の渦に巻き込まれた。吉田君は満足そうに客席を見渡し、嫌がる黄門の娘の手を引き、最後までいやらしい顔のまま舞台袖に消えて行ったのでした。あの時、きっと僕も満足げな顔をしていたと思う。そう、何を隠そう、このシーンを書いたのは僕である。今思えば、僕が人生で初めて携わった脚本なのだ。もしかしたら、お笑い芸人になった吉田君と映画監督になった僕の原点は、あの演劇にあったのかも（笑）。

ちなみに、僕はカッコイイ必殺仕事人の一人をやりたいと立候補したが却下され、配役されたのは、吉田エロ悪代官に殺される水戸黄門でした。

高校卒業後、僕は一浪して京都の大学に入り、四年後の一九九七年、映画監督を目指して上京した。その間、吉田君に会うことはなく、風の噂で、お笑い芸人をやっているらしいと聞いてはいたが半信半疑で、その姿を見たことは一度もなかった。

上京から八年、僕は映画業界に助監督として入ったものの打ちのめされ、一旦、業界からドロップアウトしていた。それでも映画を諦め切れず、自主映画に可能性を見出そうとしていた頃、その時は突然やって来た。高校卒業から十三年、僕が吉田君と再会したのは、ブラウン管の向こう側だった（↑本当は液晶テレビです）。

二〇〇五年のM－1グランプリ、スポットライトを浴びる吉田君は、あの頃と変わらぬ肌感で、会場中の人を、いや日本中の人を笑わせていた。あの教室の端っこでシコシコしていた吉田君が、あのエロ悪代官だった吉田君が、M－1王者になっちゃった。

「ブラックマヨネーズの吉田敬は高校時代のクラスメートです！」

きっとテレビを見ていたクラスメート全員が、そう叫びたかったと思う。

その後の活躍は、誰もが知っているので書くまでもないが、会うことはなくとも、燻《くすぶ》っていた僕の心を、刺激し続けてくれたことは間違いないです。

実際に再会したのは、それから七年後の二〇一二年、僕の映画が初めて劇場公開された時で、吉田君はこんなコメントをくれました。

『高校の同級生が撮った映画。悪くは書き辛い。でも中野くんありがとう。胸張って面白いと言える！　泣いた。』

さらにトークイベントのゲストにも来てくれたのだ。新宿の映画館に、ガニ股歩きで颯爽と現れた吉田君は、さっきまで秘密の軟膏を歌舞伎町で売りさばいていたチンピラみたいな服装だったけど、僕の映画を観に来たお客さんを一瞬で爆笑の渦に巻き込んでしまうその姿は、僕の知っているエロ悪代官の時よりも、百倍カッコ良くて頼もしかった。

僕はずっと、ブラマヨの笑いには《肌触り》があると思っている。吉田君の肌のことを言っているわけではない。撫でれば気持ちが良いし、つねれば痛い、笑いにリアルな感触があると言う意味だ。いくら面白いネタでも、それが絵空事だと感じると、一瞬は笑えても長続きはしない。ちゃんと肌触りがある笑いだからこそ、ブラマヨは長く愛され続けているんじゃないかと思う。

じゃあ、その肌触りは何に起因するのか？　僕は本書を読んで、その答えが少しわかった気がする。『黒いマヨネーズ』の原料は、吉田君のイノセントな部分と吉田君の妄想と吉田君のおチンチンでできていた。

一冊の中に、これほどおチンチンが登場する本は稀有である。一歩間違えば、ただのエロ話集になるところを、吉田君はそうはしない。おチンチンが様々な経験をして大きくなっていく成長記のように僕には思えたのだ。

最初、吉田君の初体験の時のおチンチンの不甲斐なさに同情し、途中、サッカー選手の司令塔は想像力が豊かだから早漏説に感嘆し、最後は《浮チンポ》論に何度も頷いている自分がいた。いつの間にか僕は、吉田君のおチンチンの肌触りを感じながら魅了されていたのでした。なんてこった！

ブラマヨの笑いは、吉田君のリアルな経験から生まれている。笑える経験だけではなく、悔しかったり、愛しかったり、気持ち良かったり、時には涙を流したり。そこに真実があるから面白いのだ。ブラマヨの笑いに感じる肌触りは、吉田君の心の襞《ひだ》であり、吉田君のおチンチンの皮のたるみなのである。

これが、お笑い評論家でも何でもない元クラスメートのブラマヨ吉田敬考察です（小杉さんのことを書けなくてすいませ〜ん）。

今年、僕らは四十八歳になる。大切な家族もできた。そろそろ守りに入りたくなる年頃だけど、４Ｋテレビの向こう側（↑もうすぐ買う予定です）の吉田君は、バラエティー番組であろうが、昼の情報番組であろうが、人が白と言うと、咄嗟に黒の意見を捻り出し、今でも尖って若手芸人のように爪痕を残そうとしているように見える。いつでも「おチンチン！」と言い出しそうで、僕は時々ヒヤヒヤしながら見ている。でも、そんな彼であってくれるのが僕は嬉しいのだ。今でも刺激をもらっているから。

あ〜、吉田君におチンチンがついていて本当に良かったと思う。快感と痛み、おチンチンが味わう全ての感情を笑いに変えて、いつまでもいきり立って尖っていて欲しいです。

ここまでおチンチンを連呼する「解説」も、これまた稀有である（笑）。

——映画監督

この作品は二〇一九年二月小社より刊行されたものです。
JASRAC 出 2105302-102

黒《くろ》いマヨネーズ

吉田敬《よしだたかし》

令和3年8月5日　初版発行
令和3年10月15日　2版発行
発行人——石原正康
編集人——高部真人
発行所——株式会社幻冬舎
〒151-0051東京都渋谷区千駄ヶ谷4-9-7
電話　03(5411)6222(営業)
　　　03(5411)6211(編集)
振替00120-8-767643
印刷・製本—中央精版印刷株式会社
装丁者——高橋雅之
　　　　米谷テツヤ
検印廃止
万一、落丁乱丁のある場合は送料小社負担で
お取替致します。小社宛にお送り下さい。

定価はカバーに表示してあります。

幻冬舎よしもと文庫

ISBN978-4-344-43125-6　C0195　　Y-20-2

幻冬舎ホームページアドレス　https://www.gentosha.co.jp/
この本に関するご意見・ご感想をメールでお寄せいただく場合は、
comment@gentosha.co.jpまで。